Humorvolles

Heilwig von der Mehden
Nehmt die Männer, wie sie sind
Band 427 128 Seiten, 5. Aufl.

Der lachende Kirchturm
Band 366 · 128 Seiten, 4. Aufl.

Eugen Skasa-Weiß
So lacht Germania
Band 410 128 Seiten

Emil Waas
Heiteres
Schilder-Sammelsurium
Band 438 · 144 Seiten, 2. Aufl.

Emil Waas
Als Opas Bart sich vor Erstaunen kringelte
Band 476 · 144 Sei

in der Herderbücherei

Romane und Erzählungen

Margot Benary-Isbert
Die Großmutter und ihr erster Enkel
Band 349 · 128 Seiten, 4. Aufl.

Lois Carlson
Arzt im Kongo
Band 385 ·· 240 Seiten

Elizabeth Goudge
Die Stadt der Glocken
Band 375 ·· 268 Seiten

Herta Grandt
Eine Handvoll Erbarmen
Band 373 ··· 368 Seiten

Hans Killian
Solange das Herz schlägt
Band 412 ··· 304 Seiten, 4. Aufl.

in der Herderbücherei

Herderbücherei

Band 377

Johannes XXIII. erschien unversehens in einer Klinik, die von Nonnen geführt wurde, um einen auf dem Sterbebett liegenden Prälaten zu besuchen. Er läutete an der Pforte, und die diensttuende Nonne wurde beinahe ohnmächtig vor Bewegung, als sie den Papst vor sich stehen sah. Dieser sprach: „Erschrecken Sie nicht so, Schwester, sondern holen Sie Ihre Oberin. Schließlich bin ich doch auch nicht mehr als der Papst.“

Lange konnten es die Formalisten nicht fassen. Ein Papst, der scherzt, ein Papst, der mit den Augen blinzelt, der einen munteren Witz erzählt. Papst Johannes hat sich immer wieder durch Haltung, Worte und durch seine Liebe den Armen mitzuteilen verstanden. Er, der alle Ehrungen geringschätzte, der den Luxus ablehnte, hat sich durch seine Aufgeschlossenheit und Lebensnähe dem Volk zugesellt. Er hat das Mystische, Unnahbare des Papsttums vergessen lassen.

Über diesen Papst wurden schon viele treffliche Biographien verfaßt. Dieses Buch ist bescheidener. Hier äußert sich Johannes XXIII. selbst, in Aussprüchen und Anekdoten, bei heiteren und ernsten Anlässen. Manch köstliche Geschichte aus den Jahren als Feldkaplan, als apostolischer Delegat im Nahen Osten, in Athen und Bulgarien und als Nuntius in Paris ist hier aufgezeichnet.

Henri Fesquet

Ich bin ja nur der Papst

Humor und Weisheit Johannes' XXIII.

Herderbücherei

Lizenzausgabe für *Verlag Herder Freiburg*
mit Genehmigung des *Societäts-Verlages*
Produktion Heinrich Scheffler, Frankfurt/Main
Aus dem Französischen übersetzt
von Liliane de Vesins und Martin Molitor
Titel der Originalausgabe
„Les fioretti du bon pape Jean“
(Libraire Arthème Fayard, Paris)

1. Auflage September 1970
2. Auflage April 1971
3. Auflage April 1972
4. Auflage März 1973
5. Auflage November 1973
6. Auflage Juni 1974

Mit kirchlicher Druckerlaubnis
Herder Freiburg · Basel · Wien
Herder Druck Freiburg im Breisgau 1974
ISBN 3-451-01877-2

In der Schlichtheit liegt das Natürliche und das Göttliche im Natürlichen.

Gleich bei meinem Eintritt in das Priestertum habe ich mich der heiligen Kirche zur Verfügung gestellt. Ich habe ihr gedient ohne Furcht und ohne Ehrgeiz; überflüssig, noch weiter zu suchen.

Johannes XXIII.

Inhalt

Einleitung

Was ist ein Papst?
Wir waren vielleicht dabei, es zu vergessen, als Johannes XXIII. kam, es uns ins Bewußtsein zu rufen. Nicht etwa, als sei sein Vorgänger kein großer Papst gewesen. Seine ungewöhnlichen Gaben haben die Aufmerksamkeit der ganzen Welt erweckt. Indessen, wie Georg Huber in der Zeitung „La Croix" schrieb, wenn Papst Pius XI. Ehrfurcht, Papst Pius XII. Bewunderung einflößten, so weckte Johannes XXIII. Zuneigung; ja mehr noch – Liebe.
Ja – wir waren dabei, es zu vergessen: Ein Papst ist nicht nur der Stellvertreter Christi auf Erden, Redner, Asket, Lehrer, Gelehrter, Staatschef, Weltmann, wie er auf Kirchenfenstern und Medaillen dargestellt wird. Ein Papst ist auch ein Mensch; der erste aller Bischöfe, ein Hirt, geliebter Vater der Gläubigen, Bruder der Demütigen, dem man sich anzuvertrauen wünscht. Man ist dessen sicher, von ihm verstanden zu werden, von dem Stellvertreter Jesu aus Bethlehem, des Meisters von Bethanien, von der Bergpredigt und des letzten Abendmahls.
Es wäre nicht angemessen, Johannes XXIII. Pius XII. gegenüberzustellen, doch ist es eine Tatsache „contra facta nequidem Deus", daß die Volkstümlichkeit von Johannes XXIII. weitaus größer war als die seines Vorgängers. Was war die Ursache dafür? Daß die Vorzüge Johannes' des Guten alsbald erkannt und aufgenommen wurden, ist verständlich. Unser demokratisches Zeitalter, das Mächtigen gegenüber so kritisch eingestellt ist und so empfäng-

lich für deren Einfachheit, hat in Johannes XXIII. jenen Papst gefunden, nach dem es verlangte und auf den es fast nicht mehr zu hoffen gewagt hatte.

Johannes XXIII. hat in der Tat alle Erwartungen übertroffen, nicht etwa nur, weil er alles andere als ein Übergangspapst war, wie manche seiner Wähler erwartet hatten, sondern weil niemand, selbst die Vorausblickendsten nicht, einen solchen Umsturz des päpstlichen Zeremoniells voraussehen konnten. Seine Eigenschaft, jedermann zugänglich zu sein, erleichterte auch Abseitsstehenden den Weg zu ihm, seine Aufgeschlossenheit für die Werte des modernen Lebens, seine Bereitwilligkeit, nicht so sehr nach links zu blicken, wie leichtfertig behauptet wurde, sondern für alle Richtungen ein Auge zu haben, ließen auf ein nach Gerechtigkeit, Toleranz und Brüderlichkeit strebendes Zeitalter hoffen. Das Geheimnis dieses Gelingens ist das Mysterium seiner Seele, ein wahres Mysterium der Gnade. Da nun aber irdisches Gut und Prunkentfaltung zu den Wunden der römischen Kirche gehören, kann man nicht genug unterstreichen, daß Johannes jene Mauer durchbrochen hat, welche die Kirche von der Welt der Geringeren und der Hungernden trennte. Der Tod hat ihn überrascht, ehe er noch auf diesem Gebiet grundlegende Reformen verwirklichen konnte. Immerhin ist mit dem ökumenischen Konzil ein neuer Geist und eine nicht mehr aufzuhaltende Bewegung geschaffen worden. Früher oder später wird die Kirche auch ihr Antlitz der Armut wiederfinden, das sie niemals hätte einbüßen dürfen.

Papst Johannes hat sich immer wieder durch Haltung, Worte und durch seine Liebe den Armen mitzuteilen verstanden. Er, der alle Ehrungen geringschätzte, der den Luxus ablehnte, hat sich durch seine Aufgeschlossenheit dem Volk zugesellt. Er hat das Mystische des Papsttums vergessen lassen. Er war der einzige Papst dieses Zeitalters,

von dem auch ein kommunistischer Arbeiter sagen konnte: „Das ist ein Mann, mit dem ich gerne ein Glas an der Theke trinken möchte.“ In seiner Gegenwart fühlte man sich nicht eingeschätzt, sondern geliebt.
War Johannes etwa ein Demagoge? Auch das wurde von einigen Salon-Dummköpfen zwischen zwei Whiskys hinter vorgehaltener Hand geflüstert. Doch er war alles andere als das. Dieser Papst blieb stets natürlich in all seiner Ursprünglichkeit. Seine Höflichkeit kam vom Herzen. Weder ein Intellektueller noch ein Theoretiker war dieser Papst, doch erachtete er die Geschichte als „Lehrmeisterin des Lebens“. Dieser empfindsame Bauernsohn hatte für das Zeitgeschehen einen ausgeprägten Sinn. Er verstand zu warten, bis die Dinge reiften und die Geister sich wandelten. „Gutta cavat lapidem“, das war einer seiner Denksprüche.
Papst Johannes erschien vielen als Lebenskünstler, keineswegs als ein Kostverächter. Doch ungeachtet seiner derben Gesichtszüge und seines schweren Ganges war er ein höchst munterer Mensch. Vor allem aber hatte er Humor, eine bei einem Papst so seltene Eigenschaft, von der Oscar Cullmann bei einer Vorlesung in der Sorbonne behauptet hat, daß sie in erster Linie eine christliche sei.
Lange konnten es die Formalisten nicht fassen: ein Papst, der scherzt, ein Papst, der mit den Augen blinzelt, der einen munteren Witz erzählt . . . Papst Johannes XXIII. hat sich nie gekünstelt gegeben. Dieser Greis verfügte über Geist und Herz eines Jünglings.
Seine Hingabe an den göttlichen Willen erreichte heldische Größe. Während seines langen Todeskampfes, der die ganze Welt in Bann hielt, begriff jeder, daß eine solche Haltung nur in einer Seele wohnen konnte, die von Gnade erfüllt war. Der Tod Papst Johannes' des Guten war in der Tat die Verherrlichung seines Lebens. Lebten wir noch

im Mittelalter, wäre ihm durch das Volk der Stand der Heiligkeit zuerkannt worden: „Vox populi, vox Dei“. Dieser Papst hat aus der Tiefe seiner Seele jene Frage Christi beantwortet, die allein alles enthält: „Simon Petrus, liebst du mich mehr als alle anderen?“

Andere haben bereits treffliche Biographien dieses Papstes verfaßt. Unser Werk ist bescheidener. Wir lassen ihn sich selbst äußern, in Aussprüchen und Anekdoten, bei ernsten und bei heiteren Anlässen. Damit wird auch dem einfachsten Menschen, der weder Neigung noch Zeit hat, umfassende Werke zu studieren, etwas von der inneren Stärke eines wahrhaften „Seelsorgers“ vermittelt, der eine ganze Welt zur Gemeinde hatte und der sie in christlicher Schlichtheit regierte.

Magomadas, August 1963 H. F.

Ich bin nur der Papst

EIN MENSCH WIE JEDER ANDERE

„Ihr erwartet mich mit Beklommenheit. Man hat euch Dinge von mir erzählt, die mein Verdienst bei weitem übertreffen. Voller Demut darf ich mich vorstellen: Ich bin ein Mensch wie jeder andere hier auf dieser Erde. Mir ist die Gnade einer guten körperlichen Gesundheit verliehen, ein bißchen gesunder Menschenverstand, der mich die Dinge rasch und deutlich erkennen läßt, und eine Neigung zur Menschenliebe, die mich dem Gesetz des Evangeliums treu sein läßt. Ich respektiere mein eigenes Recht und das der anderen, was mich daran hindert, wem auch immer es gälte, Böses zu tun. Es ermutigt mich, allen Gutes zu tun.

Die Vorsehung hat mich aus dem Dorf meiner Geburt herausgeholt und mich über die Straßen der Welt in Orient und Okzident wandern lassen, sie hat mich mit Menschen anderer Religionen und Ideologien zusammengeführt, hat mich mit den akuten und drohenden sozialen Problemen in Berührung gebracht und mir die Ruhe und das Gleichgewicht für ihre Erforschung und ihre Würdigung bewahrt. Unbeschadet der Unerschütterlichkeit des katholischen Credo und der Moral habe ich mich immer mehr um das Einigende als um das Trennende und Gegensätzliche gekümmert."

Aus der Ansprache im Markusdom 1953,
als Kardinal Roncalli Patriarch von Venedig wurde

Als Patriarch von Venedig wünschte der Kardinal Roncalli persönlich bei der heiligen Messe eines jungen Priesters, eines seiner Neffen, zu assistieren. Als dieser sich dagegen zu wehren begann, gab der Patriarch zurück: „Bedaure, mir liegt aber daran, denn ich will mich überzeugen, ob du die Meßfeier auch gut abzuhalten verstehst."

*

„Ich werde zu meinen Venezianern einfach im Markusdom sprechen", verkündete der neue Patriarch gewissermaßen als Programm zu den Pfarrern von Venedig, die ihm bald nach seiner Berufung zum Patriarchen ihre Reverenz abstatteten. „Also werden Sie im Dialekt sprechen", wagte einer zu bemerken. „Das ist eine gute Idee. In zwei Monaten werde ich ihn erlernt haben."

NONNENSCHRECK

Johannes XXIII. erschien unversehens in einer Klinik, die von Nonnen geführt wurde, um einen auf dem Sterbebett liegenden Prälaten zu besuchen. Er läutete an der Pforte, und die diensttuende Nonne wurde beinahe ohnmächtig vor Bewegung, als sie den Papst vor sich stehen sah. Dieser sprach: „Erschrecken Sie doch nicht so, Schwester, sondern holen Sie Ihre Oberin. Schließlich bin ich doch auch nicht mehr als der Papst." Woraufhin Johannes, wie alle Besucher, stehend auf das Erscheinen der Oberin wartete.

SCHLECHTE FIGUR

„Papst Johannes gab sich nie die Mühe, als außerordentlicher Mensch, etwa schon zu Lebzeiten als Heiliger zu erscheinen. Hätte man ihn als solchen bezeichnet, hätte er bestimmt gelacht. Um seine Würde war er nie besorgt. Als er während des Konzils eine große nationale Bischofskonferenz empfing, für die er eine französische Ansprache vorbereitet hatte, wurde er in der Begrüßungsadresse auf lateinisch angeredet. Er fühlte sich gedrängt, seine Ansprache ebenfalls auf lateinisch zu halten. Die Übersetzung aus dem Französischen ins Lateinische gelang ihm leidlich schlecht. Er entschuldigte sich: er hätte seit seiner Zeit als Seminarprofessor nicht mehr lateinische Reden gemacht. Beim Verlassen des Saales sagte er zu den Bischöfen: ‚Oggi abbiamo fatto una brutta figura.' – ‚Heute haben Wir eine schlechte Figur gemacht.'
Johannes XXIII. hatte nicht den Ehrgeiz, als ein Papst in die Geschichte einzugehen, der, ohne von der Häresie herausgefordert worden zu sein, ein neues Dogma definierte. ‚Ich bin nicht unfehlbar', sagte er einmal im Gespräch mit griechischen Seminaristen. Als diese ihn verwundert anschauten, erklärte er lächelnd: ‚Nein, ich bin nicht unfehlbar. Der Papst ist unfehlbar nur, wenn er ex cathedra spricht. Ich werde aber nie ex cathedra sprechen.' Er hat nie ex cathedra gesprochen."

Hans Küng

DIE WAHRHEIT

„Der Papst sagte, in den letzten Nächten, in denen er nur wenig Schlaf habe finden können, habe er einen Blick in viele Zeitungen geworfen, in den ‚Urwald der Nachrichten‘, wie er sich ausdrückte, um darüber unterrichtet zu sein, was man sage. So sei es ihm aufgefallen, daß man sich große Mühe gegeben habe, die Geheimnisse des Konklaves zu enträtseln, aber er habe nicht zwei Zeilen gefunden, die der Wahrheit entsprochen hätten. Der Journalismus sei etwas besonders Schönes, denn mit der Feder könne man etwas von sich selbst geben. Aber es sei eine schwere Verantwortung damit verbunden. Der Papst zitierte ein Wort des Dichters Alessandro Manzoni: Die Wahrheit ist etwas Heiliges, das man niemals verraten darf. Man könne sie verletzen im guten Glauben, wenn man einem Eindruck unterliege, den man weitergebe, aber man müsse vorsichtig sein und wenigstens von der Sorge geleitet werden, immer aufrichtig zu sein und niemals das eigene Denken zu verraten.“

Josef Schmitz van Vorst

„Ein neuer Sinn für christliche Brüderlichkeit beseelte diesen Bischof, der immer Bischof unter Bischöfen sein wollte und der so oft nicht allein, sondern nur mit seinen Brüdern im Bischofsamt zusammen das Volk segnen wollte. Dieser neue Sinn für christliche Brüderlichkeit ließ nicht zu, daß das Konzil ohne die Vertreter der anderen christlichen Gemeinschaften zusammenkam. Als er sie während des Konzils im Vatikan empfing, wollte er sich nicht auf den päpstlichen Thron setzen. Er ließ einen Stuhl bringen und setzte sich schließlich zu ihnen: ‚Für Sie bin ich nicht der Nachfolger Petri!‘“

Hans Küng

„Mein Sinn für Bescheidenheit und Schlichtheit war immer mein guter Begleiter, der mich demütig und friedfertig stimmte und mir die Freude bescherte, mich in bester Weise in den Tugenden der Gehorsamkeit und der Nächstenliebe zu üben. Denn ich komme aus einfachen Kreisen und wurde in enger und gesegneter Armut erzogen. Diese aber gewährleistet und ist eine Vorbereitung für den echten Aufstieg im Leben . . ."

*

„In meinem Leben habe ich stets den letzten Platz gesucht."

*

„Mit Einfachheit die Ehre und die Bedeutung des Pontifikats annehmen, um mit Freude sagen zu können, daß man nichts tat, sie herbeizuführen; wahrlich nichts. Vielmehr mit der Sorge und dem Bewußtsein, keine Geste zu machen, welche die Aufmerksamkeit auf seine Person ziehen könnte."

Exerzitienbetrachtung

„AUCH NICHT MEHR . . ."

Bat man ihn um eine Gefälligkeit, die er fürchtete nicht erfüllen zu können, sagte Johannes wie entschuldigend: „Schließlich bin ich auch nicht mehr als der Papst."

*

„Nachdem ich Euer Haus mit ungefähr zehn Jahren verlassen habe, habe ich viele Bücher gelesen und viele Dinge gelernt, die Ihr mich nicht lehren konntet. Aber die wenigen Dinge, die ich bei Euch zu Hause gelernt habe, sind die köstlichsten und wichtigsten geblieben und beleben mit ihrer Wärme die vielen anderen, die ich später in so langen Studien- und Lehrjahren gelernt habe."

Brief an seine Eltern. Geschrieben 1930 in Sofia

Die ersten Schritte

ERSTE PAPSTMAHLZEIT

Als der Kardinal Tisserant zu Abschluß des Konklaves sich dem Kardinal Roncalli näherte, um ihm die Wahl anzukündigen, erwiderte der Papst in lateinischer Sprache: „Beim Anhören deiner Stimme schauderte es mir, und ich fürchte mich. Was ich von meiner Armseligkeit und von meiner Schlichtheit weiß, genügt, mich zu betäuben. Aber nach dem Wunsch meiner Brüder, den Kardinälen der Heiligen Römischen Kirche, nach diesem Zeichen des Willens Gottes, nehme ich ihre Wahl an. Ich neige den Kopf vor dem bitteren Kelch und der Last des Kreuzes. Zum Christkönigsfest haben wir alle gesungen: ‚Christus ist Sieger, Christus ist König, Christus ist Weltenherr – erhöre uns, Christus!'"
Dann plötzlich, als wolle er den Lauf seiner Gedanken unterbrechen, fügte Johannes nach dem Bericht eines Kardinals hinzu: „Gehen wir jetzt zu Tisch; es ist Zeit, essen zu gehen."

WICKELBUND

„Was ich empfunden habe, als ich zum Papst gewählt wurde? Viel Ergriffenheit und Besorgnis, aber auch dasselbe Gefühl wie ein Wickelkind, denn das Papstgewand, in das man mich eingekleidet hatte, war zu eng und drückte mich wie ein Wickelbund."

Beim Einzug in seine Gemächer setzte sich der Papst auf einer Kiste nieder, um sein Breviergebet zu verrichten, während die Arbeiter noch damit beschäftigt waren, die Möbel umzustellen. Als er fertig war, ging er weiter, um die Räume zu besichtigen, die er noch nicht kannte. Im Salon angelangt, waren Arbeiter damit beschäftigt, Kisten herauszutragen. Einer von ihnen arbeitete gebückt und verdeckt durch eine Kiste, als der Papst sagte: „Ich störe doch nicht, meine Kinder?“ Der Arbeiter, der hinter der Kiste stand, glaubte die Stimme eines seiner Kollegen zu erkennen und gab zurück: „Hör auf mit dem Blödsinn und hilf mir lieber.“ Da trat der Papst hinzu und streckte seine Hand zur anderen Seite der Kiste aus. In diesem Augenblick schaute der Arbeiter hoch und murmelte blaß vor Befangenheit: „Heiligkeit, Heiligkeit!“

Johannes segnete ihn und seine Kollegen, und als er bemerkte, daß der Arbeiter, der ihn so angefahren hatte, noch ganz bestürzt war, sprach er: „Sie und ich gehören doch einer Partei an.“ „Ich gehöre aber zu keiner Partei“, antwortete der Arbeiter. „Sehen Sie sich nur mich an“, sagte der Papst, „Männer wie Sie und ich, wir sind selbstverständlich in der Partei der starken Männer!“

Er bat dann die Arbeiter, mit ihm zu essen, aber sie waren so eingeschüchtert, daß sie nicht mochten. Als der Papst dies bemerkte, wünschte er ihnen „Guten Appetit“ und ließ sie allein.

Bei seinem Besuch im Gefängnis Regina Coeli bat der Papst, daß die Gefangenen aus ihren Zellen herausgelassen werden sollten. Er hielt dann im Innenhof eine Ansprache und erwähnte namentlich, daß einer seiner Verwandten, der ohne Jagdschein auf die Pirsch gegangen war, von einem Carabinieri dabei verhaftet worden sei und ein Gefängnis von innen kennengelernt habe. Dann, sich direkt an die Gefangenen wendend, drückte er seine Freude über den Besuch aus und sagte: „Ich bin gekommen, ihr habt mich gesehen, ich habe in eure Augen geblickt und mein Herz an das eure gelehnt. Seid versichert, daß diese Begegnung sich aufs tiefste in meinem Herzen einprägen wird."

Unter den Gefangenen, die sich dem Papst nähern durften, befanden sich zwei Mörder. Einer von ihnen, nachdem er den Fischerring geküßt hatte, blickte betrübt auf und fragte: „Gelten die hoffnungsfrohen Worte, die Sie gesprochen haben, auch für mich, einen so großen Sünder?" Statt einer Antwort bückte sich der Papst und umarmte den Verbrecher.

Ein anderer wollte eine selbstangefertigte Zeichnung des Papstes übergeben. Als er es aber versuchen wollte, wurde es ihm von den Wächtern untersagt. Als Johannes an seiner Zelle vorbeikam, wies der Häftling erneut seine Arbeit vor, der Papst begriff aber nicht, daß es sich um ein Geschenk handelte. Tags darauf berichteten die Zeitungen über diesen Vorfall und über die Hilflosigkeit des Gefangenen. Alsbald sandte Johannes einen Prälaten, um die Zeichnung abzuholen und dem Häftling ein Wort der Entschuldigung zu sagen.

MEIN NOVIZIAT

Zu Beginn seines Pontifikats hatte Johannes XXIII. Mühe, sich daran zu gewöhnen, daß er nun Papst geworden war. Er fühlte sich regelrecht unbehaglich in seinem neuen Amt und sagte von sich: „Ich bin eben dabei, noch mein Noviziat zu absolvieren."
Später fügte er hinzu: „In den ersten Tagen meines Pontifikats gab ich mir nicht volle Rechenschaft über das, was es heißen will, Bischof von Rom und damit Hirte der universalen Kirche zu sein. Dann, eine Woche nach der anderen, wurde es mir ganz klar, und ich fühlte mich wie zu Hause, als hätte ich niemals etwas anderes in meinem Leben getan."

DER GUTE CHEF

Nach seiner Inthronisation hat Johannes die Grundgehälter der Angestellten des Vatikans erheblich erhöht. Ein Prälat, der die Erhöhung der kleinen Gehälter für übertrieben hielt, bemerkte ehrfurchtsvoll, daß diese Erhöhung doch eine schwere Belastung für den päpstlichen Haushaltsplan bedeuten würde. Der Papst antwortete wohlgelaunt: „Wir haben ja nicht nur die Gehälter der kleinen Leute erhöht, sondern auch die Bezüge der hohen Beamten gekürzt. Auf diese Weise, so vermute ich, wird für Unser Schatzamt eher noch eine Ersparnis von einigen Millionen Lire pro Monat herausspringen."

WER REGIERT DIE KIRCHE?

Am Abend des Tages, an dem Johannes XXIII. das Konzil ankündigte, mußte er sich Mühe geben, in den Schlaf zu finden. Der Papst erzählte dazu später, er habe sich schließlich selber befragt: „Giovanni, warum schläfst du nicht? Bist du es, der Papst, oder ist es der Heilige Geist, der die Kirche regiert? Es ist ja doch der Heilige Geist, nicht wahr? Dann also schlafe, Giovanni!“

EIN BESTRAFTER SEMINARIST

Johannes mochte Alleinsein nicht, zumal bei den Mahlzeiten. Das Protokoll schrieb vor, daß der Papst seine Mahlzeiten allein einzunehmen habe. Dem konnte er sich aber doch nicht fügen und erklärte: „Ich komme mir ja sonst vor wie ein bestrafter Seminarist.“
Oder auch: „Ich habe mit Aufmerksamkeit das Evangelium gelesen, ohne darin eine Stelle zu finden, die abgesonderte Mahlzeiten vorschreibt. Wie jeder weiß, liebte auch Jesus in Gesellschaft zu speisen.“

ANGEZOGEN WIE EIN SATRAP

Der päpstliche Prunk stieß ihn ab. Johannes mochte den offiziellen Pomp ebensowenig wie einiges von den komplizierten Bestandteilen seines Ornats. Er sagte offen: „Ich bin ja angezogen wie ein persischer Satrap.“

EIN GESCHENK DES PAPSTES

„Papst Johannes XXIII. machte dem deutschen Camposanto bei Sankt Peter, dessen Mitglieder er im Oktober 1961 aus Anlaß des fünfhundertjährigen Bestehens der Erzbruderschaft empfing, einen goldenen Kelch zum Geschenk. Er wies darauf hin, daß der Kelch in seinem Leben eine besondere Bedeutung gewonnen habe, denn er erinnere ihn an die deutschen Theologiestudenten im Kriegsgefangenenlager vor Chartres, mit denen er als Apostolischer Nuntius in Frankreich zusammengetroffen sei. Sie hätten ihm nach ihrer Priesterweihe diesen Kelch geschenkt. Er habe sich gesagt, daß dieses Symbol des Opferns nirgendwo besser gehütet werden könne als in der Kirche des deutschen Friehofes bei Sankt Peter."

Josef Schmitz van Vorst

TRENNUNG

Anläßlich eines offiziellen Diners beim Präsidenten Herriot setzte Monsignore Roncalli den alten sozialistischen Parteiführer damit in Erstaunen, daß er ihm Aussprüche des radikalen Theoretikers Léon Bourgeois zitierte; und als der Bürgermeister von Lyon sich darüber verwunderte, antwortete er: „He, was trennt uns denn? Unsere politischen Ansichten? Geben Sie ruhig zu, daß dies zu wenig ist.“

RUNDER BEZIRK

Johannes XXIII. war der erste, der sich über seine Korpulenz lustig zu machen pflegte. Zum Präsidenten Herriot bemerkte er einmal, indem er auf seine Wohlbeleibtheit deutete: „He, wir sind vom selben ‚Arrondissement‘“; was im Französischen „Bezirk“, aber auch „Rundung“ bedeutet.

ALTER WEIN

An einem andern Tag, bei einem Beisammensein unter alten Leuten, machte Herriot eine spitze Bemerkung: „Glauben Sie eigentlich, mein lieber Roncalli, daß sich die Menschen mit dem Alter bessern?“
„Es kommt darauf an“, erwiderte Monsignore Roncalli, „damit geht es wie mit den Weinen. Die Zeit bessert manche.“

Der Nuntius hegte früher keine besondere Zuneigung für den General de Gaulle, dessen Regierung seinen Vorgänger, den Kardinal Valerio Valeri angeschuldigt und verlangt hatte, etwa dreißig Bischöfe als Kollaborateure abzusetzen. Monsignore Roncalli ließ die Angelegenheit in die Länge ziehen, und schließlich wurden nur drei Bischöfe abberufen. „Ich habe ihnen einfach die Null weggestrichen", sagte er.
Papst geworden, äußerte sich Johannes XXIII.: „Als ich in Paris war, waren wir nicht immer einig, de Gaulle und ich. Aber heute denken wir anders darüber."

DON CAMILLO UND VINCENT AURIOL

Johannes XXIII. empfand besondere Freundschaft für den früheren französischen Präsidenten Vincent Auriol, der ein betonter Sozialist war.
Nach einem alten Privileg hat der französische Staatschef das Recht, den neu kreierten Kardinälen das Abzeichen ihrer Würde zu überreichen.
Der Staatspräsident Vincent Auriol hat späterhin die feierliche Zeremonie beschrieben: „Es war für mich eine große Ehre . . . Der neue Kardinal kniete nieder, um das Birett entgegenzunehmen. Er warf sich nicht vor mir persönlich, einem Ungläubigen, nieder, sondern vor jemandem, der in jenem Augenblick das souveräne Oberhaupt der Kirche repräsentierte . . . Bei dieser Gelegenheit lernte ich wieder sein gutes Herz schätzen; er bat mich, den Bürgermeister seines Heimatdorfes und einige seiner Jugendfreunde in das Palais des Präsidenten einzuladen. Es war

ein bewegender Anblick, diese Männer vor Freude und Stolz weinen zu sehen.“

Aber nicht nur Trauer und Tränen standen am Ende seiner Mission in Frankreich. Vor der Abreise gab Vincent Auriol dem Nuntius zu Ehren ein Diner. „Ich habe ein Geschenk für Sie mitgebracht“, sagte der Kardinal. „Den Geschenken eines Diplomaten traue ich nicht so recht“, entgegnete der Präsident scherzhaft. Dann wickelte Kardinal Roncalli das Geschenk aus und überreichte es dem Präsidenten: Es war die eben erst erschienene französische Übersetzung von Giovanni Guareschis „Don Camillo und Peppone“.

Wie jedermann von diesem begeistert aufgenommenen neuen Buch wissen wird, hat der italienische Schriftsteller Guareschi mit dem Priester Don Camillo und seinem kommunistischen Widerpart Peppone Gestalten voll köstlichen Humors geschaffen.

Als Widmung hatte er also hineingeschrieben: „Zur Zerstreuung und als geistliche Erbauungslektüre. –
A. Roncalli, Nuntius.“

BESUCH

„Nach seiner Präsidentschaft reiste Auriol nach Venedig, um seinen Freund Roncalli zu besuchen. Einige Minuten nach seiner Ankunft in Venedig erschien Kardinal Roncalli in der Hotelhalle und schloß ihn in seine Arme, ‚zur großen Überraschung aller Leute, die um uns herumknieten‘, wie Auriol später berichtete. Als Roncalli dann seinem Freund den Patriarchenpalast zeigte, führte er ihn in den Raum, wo einst Pius X. gewohnt hatte. ‚Es war ein kleines, sehr bescheiden möbliertes Zimmer‘, schreibt Auriol. ›Hier lebte Pius X.!‹, sagte Roncalli. Und ich sagte leise: ›Und vielleicht wird der Nachfolger von Pius XII. auch von hier ausgehen.‹ Roncalli lächelte still, ohne dazu etwas zu sagen.‘“

Zsolt Aradi

DER HEILIGE

1957 in Riese, bei der Einweihung einer Büste von Kardinal Monico, wo Pius X. geboren wurde, wurde der Kardinal Roncalli stürmisch von der begeisterten Menschenmenge begrüßt. Stimmen wurden laut inmitten der Hochrufe: „Das ist Papst Pius X., der zurückkehrt!“ Daraufhin rief Johannes XXIII. dazwischen: „Ach was! Pius X.? So dick wie ich? Ich sehe ihm ja nicht mal äußerlich ähnlich, und übrigens war er ein Heiliger.“

DAS FETT

Das erste Mal, als Monsignore Roncalli in der Nuntiatur den Gelehrten Henri Daniel-Rops empfing, sagte er zu dem schmächtigen Kirchenhistoriker mit einem Seufzer: „Ach, lieber Daniel-Rops, wir sollten den lieben Gott gemeinsam im Gebet bitten, er möge doch die Hälfte vom Fett, das ich zuviel habe, Ihnen überlassen.“

HALBER NUNTIUS

Nach einer feierlichen Sitzung in der Französischen Akademie: „Es ist ein schöner, eindrucksvoller Platz. Man hört dort so erhabene Dinge. Leider aber gestatten die Stühle das Sitzen nur einem halben Nuntius.“

Niemals kam ein Arbeiter in die Pariser Nuntiatur, um eine Reparatur zu besorgen, ohne von dem künftigen Papst auf einen Imbiß eingeladen zu werden. Ein italienischer Schweißer namens Giuseppe hatte so die Gewohnheit angenommen, jeden ersten Samtag des Monats mit seiner Frau und seinen sieben „bambine" beim Nuntius zu speisen.

BIBLIOPHILIE

Mit Robert Schuman traf er in Paris oft in den Antiquariatsbuchhandlungen zusammen. Sie hatten auch vereinbart, zwei Bände untereinander auszutauschen. Eines Tages entdeckte der Nuntius einen italienischen Kodex mit Miniaturen aus dem 14. Jahrhundert. Er blätterte ihn durch; es war ein altes Hymnarium der Nonnen von S. Grata in Bergamo. Er erkundigte sich nach dem Preis; der Buchhändler nannte ihm eine unerreichbare Summe. Zwei Pariser Freunde aus Bergamo jedoch, die von der Sache gehört hatten, verehrten ihm den Kodex. Er studierte die alten Pergamente lange, dann schenkte er ihn dem Diözesanmuseum von Bergamo.

Andrea Lazzarini

AUF EIN GLÄSCHEN

Als die UNESCO noch in der Avenue Kléber war, wo Erzbischof Roncalli 1952 zum ständigen Beobachter des Heiligen Stuhls ernannt wurde, geschah es nicht selten, daß der hochgestellte Monsignore in der Kantine auftauchte, um mit den Angestellten dort eine bescheidene Mahlzeit einzunehmen.

Manchmal im Sommer konnten auch die Venezianer ihren Patriarchen in einem Café in der Nähe des Markusplatzes erblicken, wo er sich diskret ein Glas Weißwein genehmigte.

SCHWINDELANFÄLLE

Das übliche Applaudieren beim Einzug des Papstes in Sankt Peter mißfiel Johannes XXIII. sehr. Aber er fand schließlich doch eine Möglichkeit, den Beifall zu reduzieren, indem er anordnete, daß über diesen Kundgebungen das Credo angestimmt werden sollte.
Auch die „Sedia gestatoria" war ihm reichlich unangenehm. Das Schaukeln dieser Sänfte verursachte Schwindelgefühle in ihm. Er trachtete, sie möglichst selten zu benutzen und nur dann, um den weit entfernt stehenden Gläubigen zu ermöglichen, ihn zu sehen.
„Das ist ja wohl der unbequemste Sessel, den ich kennengelernt habe", sagte er darüber.

DER GRAF RONCALLI

Eine Persönlichkeit des römischen Hofes kam mit einer Anregung zu dem neuernannten Papst und wollte ihm nahelegen, seinen Brüdern Adelstitel zu verleihen. „Was für ein Titel soll es denn sein", unterbrach ihn der Papst. „Heiliger Vater, der Titel eines Grafen, eines Marquis oder der eines Prinzen . . ."
Papst Johannes brach schließlich in ein Gelächter aus: „Stellen Sie sich vor – meine Brüder im Frack und mit Ehrenzeichen! Übrigens, sie sind ja bereits Grafen *(conte)*, da sie schon *contadini* (Bauern) sind."

GEFANGENER UND WÄRTER

„Der Papst ist in seinem großen Palast ein Gefangener", bemerkte eines Tages Johannes XXIII. zu den Bauern eines kleinen italienischen Marktfleckens.
Eines Tages beäugte er die Kammerherren, den Zeremonienmeister und den Kommandanten der Palastgarde, die um ihn herum recht beschäftigt waren, und Papst Johannes bemerkte leise: „Das sind also meine Gefängniswärter . . ."

NACH HAUSE

Papst Johannes drückte sich auch nach seiner Wahl gern weiterhin so aus, als sei er ein Bürger wie jeder andere auch. Wenn er es eilig hatte, zum Vatikan zurückzukehren, pflegte er am Ende eines Besuches einfließen zu lassen: „Ich bin verspätet und muß jetzt schnell nach Hause."

ZURÜCK ZUM CHEF

Bevor der neue Kardinal Paris verließ und noch nicht wußte, daß ihm die Diözese Venedig zugeteilt werden sollte, hatte er allerlei Befürchtungen über eine Ernennung bei der römischen Kurie. Als man sich über so viel Bescheidenheit verwunderte, stellte er mit einem Lächeln fest:
„Wenn Sie also meinen, daß es so reizvoll ist, zu seinem Chef zurückberufen zu werden . . ."

VISIONEN

Als Papst Johannes im Juni 1960 bei einer Priestertagung die Teilnehmer empfing, hatte er bei einer familiären Unterhaltung, bevor er seine Gäste segnete, einen launigen Einfall, der alle sprachlos machte:
„Ich bin kein Papst, der Visionen hat, und dennoch sagt man mir, daß ich gar nicht so schlecht abschneide."
Dieses Bekenntnis hinderte den Papst aber nicht, eines Tages während der ersten Sitzung des Konzils zu sagen:
„Ich hätte gerne, daß unser Herrgott mir ein Zeichen gäbe, um mich wissen zu lassen, wann dieses Konzil abgeschlossen sein wird. Denn den Anfang bestimme ich, aber das Ende . . .?"

VON PAPST ZU PAPST

Johannes XXIII. gebrauchte manchmal ätzend scharfe Anspielungen, wie diese hier überlieferten Worte, die aber die Zuneigung, die er für den Kardinal Montini hegte, keineswegs schmälerten. Der Kardinal von Mailand war einer der am meisten geschätzten Kirchenfürsten bei Johannes XXIII.; während der ersten Konzilsperiode so sehr, daß man zu der Eröffnungsrede des Vaticanum II, an der der Kardinal Montini mitgearbeitet hatte, spöttelte, daß sie *ultra-Montini* und nicht *ultra-montani* sei.
Zu einem Prälaten aus Mailand aber, der in der Umgebung des Erzbischofs, des heutigen Papstes Paul VI., wirkte, bemerkte Johannes XXIII. während einer Audienz fragend: „Wie geht es denn unserem Hamlet, dem Herrn Kardinal?"

JUNGGESELLE

Ein Botschafter aus einem Land in Asien wird in Audienz empfangen. Der Papst tritt auf ihn zu und unterhält sich mit ihm auf eine gelöste Weise, wie man es von ihm gewohnt ist. Er erkundigt sich nach seinem Familienleben. Der Gast unterbricht ihn und erklärt: „Ich bin nicht verheiratet."

„Ach, Sie sind also Junggeselle – dann ist es bei Ihnen also wie bei mir bestellt", erklärt der Papst.

„Nicht ganz so, Heiliger Vater", erwidert aufrichtig der Botschafter.

BANKIERS

Bei einem Empfang italienischer Bankkaufleute: „Ich habe im Evangelium lange nach etwas gesucht, was sich auf Ihren Beruf beziehen könnte, und habe nichts gefunden."

Dann aber tippte sich der Papst plötzlich an die Stirn: „Ich erinnere mich, daß es doch etwas für Sie gibt."

Und Johannes XXIII. erzählte das Gleichnis von den zehn Pfunden (Lk 19, 11–27).

PLAUDEREIEN

Johannes XXIII. war ein unverbesserlicher Plauderer. Er wußte es, und er machte sich lustig über diesen kleinen, so italienischen Fehler.

Dennoch, als man ihn am Anfang seines Pontifikats fragte, ob er seine Hirtenbriefe und Reden wie sein Vorgänger als Buch herausgeben wolle, antwortete er: „Ich werde wohl viel weniger reden, aber genausoviel sagen."

„Meine Rede war ein bißchen zu lang. Aber sie entsprach wohl irgendwie der geheimnisvollen Atmosphäre über der Menge, die vielleicht allen zu Herzen ging.“

Anläßlich der Heiligsprechung des hl. Vinzenz Pallotti, am 22. Januar 1963

ZERSTREUTHEIT

Während einer öffentlichen Audienz schritt Johannes XXIII. an einer Personengruppe vorbei, die er nicht identifizieren konnte.
Wiederholt flüsterte der Maestro di Camera, Monsignore Callori di Vigale, ihm zu: „UNESCO.“ Aber der Papst schien zerstreut zu sein. Er blieb stehen, und vor der erstaunten Menschenmenge berührte er mehrmals die Brust, die Stirn, die Lippen und sprach: „Unsere Worte sind hier im Herzen, im Kopf, doch sie kommen nicht über die Lippen.“

EIN GUTER DIPLOMAT

Der Papst sagte: „Es gibt nur zwei Lösungen, ein guter Diplomat zu sein: Stumm zu sein wie ein Maulwurf oder so geschwätzig zu sein, daß alle Äußerungen an Bedeutung verlieren. Da ich Italiener bin, bevorzuge ich die zweite Lösung.“
Johannes blieb seinem Vorsatz treu und sprach unaufhörlich, wenn er einen Besucher empfing, von dem er wußte, daß er um eine Gunst bitten würde, die zu erfüllen unmöglich war. Der Gast, der kein Wort loswerden konnte,

ging dann, ohne dem Zweck seines Besuchs Ausdruck gegeben zu haben.

NICHTS ZU TUN

An einen Botschafter:
„Seit ich Papst bin, habe ich nichts mehr zu tun. Meine Dienststellen erleichtern mir alle Arbeit. Jetzt kann ich ruhig schlafen. Als ich in Venedig war, stand ich öfters nachts auf, um noch zu arbeiten."

DIE ZEIGEFINGER DER APOSTEL

Einer seiner Grundsätze war, nur solche Anweisungen herauszugeben, bei denen die moralische Gewähr dafür bestand, daß sie auch durchgeführt werden konnten.
Es geschah also, daß der Papst über die Bedeutung der beiden Statuen des hl. Petrus und des hl. Paulus, die auf dem Petersplatz stehen, eine Erklärung abgab: „Der erstere zeigt mit dem Zeigefinger seiner rechten Hand zur Erde. Das soll heißen: Hier werden die Gesetze gemacht.
Der andere zeigt mit dem Zeigefinger in die Weite – und das heißt: Von dort aus werden sie in der Ferne durchgeführt."

EIN INDISKRETER LAUTSPRECHER

Erstaunt war die Menschenmenge, die sich Ostern auf dem Petersplatz versammelt hatte, um die Erteilung des päpstlichen Segens abzuwarten, als sie vom Fenster, das gerade

geöffnet wurde, die ersten Worte des Papstes hörte: „Das zieht ja fürchterlich!"
Während einer anderen öffentlichen Audienz mußte sich der Papst an Engländer wenden, und zwar in englischer Sprache, die er schlecht beherrschte. Er radebrechte einige Sätze und geriet bald in ein unverständliches Gerede. Daraufhin beauftragte er einen seiner Prälaten, ihn zu entschuldigen und den Zuhörern zu sagen, daß er noch beim Englischlernen sei und er sich wohl das nächste Mal besser ausdrücken würde. In der Überzeugung, daß die Lautsprecher abgeschaltet seien, flüsterte der Papst zu seinem Nachbarn:
„Basta! Wenn die da denken, daß ich noch das Englische lernen werde, dann müssen sie noch lange warten!"
Dennoch soll Johannes XXIII. während seines Pontifikats auch englische Stunden bekommen haben.

EIN NEUER TEXT

Die Enzyklika „Mater et Magistra" ist, wie man sich erinnern wird, mit mehreren Wochen Verspätung im Druck erschienen. Der Grund, der offiziell angegeben wurde und nicht recht überzeugt, war die Dauer der Übersetzungsarbeiten in mehrere Sprachen. Man glaubte aber zu wissen, daß die erste Fassung, die man dem Papst vorlegte, nicht zu seiner Zufriedenheit ausfiel und umgearbeitet werden mußte. Johannes XXIII. hatte dazu gesagt: „Das ist viel zu kompliziert. Die Gläubigen wissen recht gut, daß ich von all dem nicht alles weiß. Setzen Sie mir einen neuen Text auf: Kürzer, einfacher, weniger abstrakt und vor allem konkreter."

DIE HÖFLICHKEIT DER PÄPSTE

Das Auto des Papstes glitt durch die Vatikangärten und prallte beinahe auf einen Prälaten von Radio Vatikan. Der Priester näherte sich der Wagentür und bemerkte: „Entschuldigen Sie, Heiligkeit."
„Es ist an Uns, sich zu entschuldigen. Fast wären Sie unter den Schlitten geraten", antwortete Johannes XXIII.

WEDER LEBERKRANK NOCH NERVENSCHWACH

„Ich bin nicht so sehr ein Mann von Grundsätzen als ein Mann der Praxis und der Ausgeglichenheit."
„Wir sind gottlob weder leberkrank noch nervenschwach. Deshalb lieben Wir die Gesellschaft, und es gefällt uns, unter Menschen zu sein."

DAS SCHÖNE ALTER

„Sechzig Jahre – das ist das schönste Alter. Gute Gesundheit, mehr Verstand und die glückliche Anlage, mit Klarheit, Milde, Optimismus und Vertrauen in die Zukunft zu sehen."
„Die Begegnung mit den Volksmassen, die Audienzen – oh, welche Tröstungen!"

WAS FÜR EIN GESICHT?

Als ein Bischof sich in seiner Gegenwart verwunderte, daß der Papst nicht persönlich die erste Sitzung des Konzils geleitet hatte, entgegnete Papst Johannes: „Meine

Kompetenz ist doch nicht unbegrenzt. Übrigens, wenn ich anwesend gewesen wäre – hätten Sie sich dann so frei gefühlt? Hätten Sie zum Beispiel den Mut gehabt, zu applaudieren, als der Präsident den Kardinal Ottaviani während seiner Kritik unterbrochen hat?
Und wenn Sie ihn gehabt hätten, hätten Sie mich nicht alle angeschaut, um zu sehen, was ich für ein Gesicht dazu mache. Ist es etwa nicht so?“

KLUGHEIT

„Um in allem einfach zu bleiben, werde ich mir die drei göttlichen Tugenden und die Kardinaltugenden vergegenwärtigen. Die erste der Kardinaltugenden ist die Klugheit. Päpste, Bischöfe, Könige und Befehlshaber ringen mit ihr, und oft unterliegen sie. Sie ist die bezeichnende Tugend des Diplomaten. Ich muß mir diese Tugend besonders angelegen sein lassen.“

Geistliche Einkehr während der Karwoche 1945 in Solesmes (Geistliches Tagebuch)

AKADEMISCHE BETSTÜHLE

Die Vereinigung der katholischen französischen Schriftsteller gab ein feierliches Essen zur Wahl des frommen Kirchenhistorikers Daniel-Rops in die Académie Française. Monsignore Roncalli, dem man das letzte Wort zuerkannte, sagte anschließend: „Wenn es so weitergeht, muß die Académie Française an Stelle von Sesseln Betstühle einrichten."

DER AKZENT

Zum Abschluß eines Banketts in Paris rezitierte der Nuntius mit seinem deutlichen italienischen Akzent eine Fabel von La Fontaine.
Nach dem Höflichkeitsapplaus beugte sich Vincent Auriol zu ihm, und in seinem ihm eigenen penetrant südfranzösischen Akzent spottete er: „Monsignore Roncalli, wenn ich recht verstanden habe, hat es sich um La Fontaine gehandelt."
Monsignore Roncalli warf ebenso genüßlich zurück: „Ach, wie ich Sie doch verstehe, Herr Präsident. Auch ich habe lange gebraucht, ehe ich mich an Ihren Tonfall gewöhnt hatte."

FERNSEHEN

Man fragte ihn, ob er dem Fernsehen gegenüber wohlwollend eingestellt sei: „O ja“, antwortete er, „vor allem, seitdem ich ihm verdanke, daß ich mich, als ich zum Papst ernannt wurde, selbst darin sehen kann. Ich messe dem Fernsehen also eine große Bedeutung bei.“

MACHEN SIE ES WIE ICH!

Monsignore Chevalier, der dazu berufen wurde, für Le Mans die Nachfolge des Kardinals Grente bei der Französischen Akademie zu übernehmen, meinte, daß es schwierig sein würde, eine solche Persönlichkeit zu ersetzen. Johannes XXIII. antwortete ihm:
„Glauben Sie etwa, daß es für mich so leicht ist? Ich gebe Ihnen einen guten Rat, machen Sie es wie ich: Mal so, mal so.“

DER PELIKAN

„Die Kirche ist wie der Pelikan. Sie entzieht sich selbst die Ehren, um sie anderen zu verleihen.“ (An einen Kardinal, dem er seine Erhebung zum Purpur ankündigte, ohne daß er selbst zu dieser neuen Beförderung gehörte.)

WER IST DER PAPST?

Von einem seiner engsten Mitarbeiter, dessen Intelligenz er schätzte, sagte er:
„Der hat so viele Ideen, manchmal aber frage ich mich,

ob er der Papst ist oder ob ich es bin. Ich lasse ihn also ruhig reden . . ."

NACHTS AUF DEN STRASSEN

Auf eine Anspielung über seine vielfachen Spaziergänge, die er mitunter vom Vatikan aus unternahm, gab der Papst zurück:
„Sie sagen also, daß ich tagsüber zuviel unterwegs bin. Nun gut, ich werde nur noch nachts ausgehen."

DER STELLVERTRETER

Papst Johannes besuchte in Rom das Krankenhaus zum „Heiligen Geist", das von Nonnen geleitet wird. Die Oberin kam, ob dieser Ehre ergriffen, herbeigeeilt und stellte sich vor: „Heiliger Vater, ich bin die Oberin vom ‚Heiligen Geist'."
„Haben Sie aber ein Glück – ich bin nur der Stellvertreter von Jesus Christus", gab der Papst zurück.

NICHT UNTERBRECHEN

Der Papst empfing im Jahre 1960 in besonderer Audienz die in Rom weilenden hervorragendsten Mitglieder der Görres-Gesellschaft. Die angesehene Vereinigung von katholischen Wissenschaftlern hat sich große Verdienste auf den verschiedensten Gebieten erworben. Sie unterhält ein eigenes Institut in Rom, das sich ausgedehnten historischen Forschungen widmet, weitere in Madrid und Lissabon, und hat unter Beteiligung namhafter Gelehrter auch ein Institut zur Begegnung von Naturwissenschaft und Theologie ins Leben gerufen. Papst Johannes wußte um diese Leistungen und verstand sie zu würdigen. Als die illustre Delegation unter Führung des Kardinals Bea die Empfangsräume betreten hatte und die Vorstellungszeremonie beendet war, setzte der Heilige Vater dazu an, seine gelehrten Besucher mit zwei Geschichtchen zu erfreuen, wie er verkündete. Die erste war sehr wohlgeraten, sichtlich mit Liebe zur Sache und zum breiten Detail ausgesponnen, doch vielleicht erschien sie dem Kardinal Bea, der nahe beim Papst stand, ein wenig zu lang – oder vielleicht auch nicht recht der Stunde entsprechend; kurzum, er begann sich nach Ablauf einiger Minuten zu räuspern, bald darauf folgte noch eine eindeutige Geste, daß die der Delegation zubemessene Zeit wohl abgelaufen sei.

Das war deutlich genug. Papst Johannes, dem die dezenten Bremsversuche keineswegs entgangen waren, unterbrach seinen Redefluß und wandte sich an den Kirchenfürsten mit heiterer Miene: „Aber Eminenz! So lassen Sie mich doch mein Geschichtchen zu Ende erzählen . . .“

Und er brachte seine Erzählung seelenruhig vor dem schmunzelnden Auditorium zu Ende. Anschließend gab er auch noch mit gleicher Gelassenheit die zweite in voller Breite zum besten.

Ein Audienzteilnehmer

NADELÖHR

Der Apostolische Administrator Erzbischof Roncalli besuchte im Jahre 1936 das berühmte Kloster auf dem Berg Athos. Die Gemeinschaft der Mönche auf dem heiligen Berg ist gewohnt, in strenger Abgeschiedenheit von der Außenwelt und in ständiger Aszese nach den Regeln des hl. Basilios zu leben. Der wohlbeleibte Don Angelo Roncalli hörte einmal beim Vorübergehen zwei Mönche miteinander flüstern: „Wie wird es möglich sein, daß dieser römische Prälat mit seinem Bäuchlein in den Himmel eingeht, da doch dessen Pforte so eng ist wie ein Nadelöhr . . .?"

Schlagfertig griff Roncalli, sich umdrehend, in das Zwiegespräch ein und gab zurück: „Der liebe Gott, der das Bäuchlein hat wachsen lassen, wird auch dafür sorgen, daß es durch das Nadelöhr geht!"

Randall Garret

DER ZERSTREUTE PAPST

Eines Abends in Paris, im Jahre 1949 zur Abendessenszeit, hörte Monsignore Roncalli es an der Nuntiatur klingeln. Überrascht ging er selbst, um zu öffnen, und fand sich Francisque Gay gegenüber. Er entschuldigte sich und sagte: „Ich hatte diese Einladung ja vollständig vergessen.“

„Was mich anbetrifft, so ist das nicht so wichtig“, antwortete der Kritiker, „aber Eure Exzellenz haben auch einen Direktor der UNRRA eingeladen und, ich glaube, auch noch einen brasilianischen Bischof.“

„Das ist ja furchtbar, und meine Nonne ist auch nicht da! Kommen Sie, beeilen wir uns. Gehen wir doch schnell in die Küche, um etwas vorzubereiten.“

Als der Bischof eintrat, machte Francisque Gay, angetan mit einer Schürze, die Tür auf. Schließlich befanden sich alle geladenen Gäste in der Küche um den Herd herum, wo Monsignore Roncalli selbst mit der Zubereitung einer Polenta beschäftigt war.

„Ist dies denn nicht das Beste, was man auf der Welt haben kann?“ fragte der Nuntius. „Bei uns ist es die Speise des Herrn. Man nennt sie so, weil man in jedem Hause, so arm es auch sei, stets etwas Mais und einen Rest Olivenöl vorfinden kann.“

CHRISTFEST

Als Eugenio Bacchion, der Vorsitzende der katholischen Männeraktion von Venedig, kurz vor Weihnachten seine Frau verlor, rief ihn der Kardinal, der von dem Verlust gelesen hatte, an und sagte: „Morgen ist Weihnachten, Ihr erstes Christfest mit einem leeren Platz in ihrem Heim . . . Möchten Sie nicht mit ihren Kindern kommen und das Weihnachtsmahl bei mir einnehmen?"

DER VERSCHWUNDENE PAPST

Eines Morgens um sechs in Castelgandolfo klopfte sein Sekretär, Monsignore Capovilla, an die Tür der kleinen Privatwohnung des Papstes, erhielt aber keine Antwort. Er ging zur Kapelle und fand auch dort niemanden. Verwundert telefonierte der Sekretär mit mehreren Persönlichkeiten und fragte, ob sie den Papst irgendwo bemerkt hätten. Überall nur negative Bescheide. Also benachrichtigte Capovilla die anwesenden Kardinäle, den Vatikan, die Gendarmerie und die Schweizergarde. Die Nachforschungen blieben zunächst ergebnislos. Man gedachte die italienische Polizei zu benachrichtigen, doch der Kardinal Canali riet, damit noch etwas zu warten. Schließlich entdeckte ein junger Schweizergardist Papst Johannes XXIII. lesend hinter einem Gebüsch des Parkes.

Als der Papst erkannte, daß so viele Menschen auf der Suche nach ihm waren, entschuldigte er sich: „Der Morgen war so schön, daß Wir keinen Schlaf mehr verspürten, und ohne jemanden zu stören, sind Wir aufgestanden und haben dann einen schönen Spaziergang unternommen."

„Dem französischen Protokollchef Dumaine, der sich darüber wunderte, ihn so selten zu empfangen, vertraute er kurz sein Programm an: ‚Ich gehe sowenig wie möglich zu Ihren Ministern, und nur dann, wenn sie es selbst wünschen. Herr Bidault hat mir vorgeworfen, daß ich mich zu rar mache. Der Kardinal Ferrata, als er zu Beginn des Jahrhunderts Nuntius in Paris war, sei jede Woche in den Quai d'Orsay gekommen. Doch damals waren die Außenminister im allgemeinen Gegner der Kirche, und der Nuntius mußte seine Anwesenheit bemerkbar machen. Das ist jedoch bei mir nicht der Fall, denn ich befinde mich unter Freunden und will sie auf gar keinen Fall bloßstellen.'"

Andrea Lazzarini

EIN FRAGESTELLER

Bei einer Wallfahrt der Bergamasken in Rom nahm sich ein Bürger von Sotto il Monte die Freiheit, dem Papst zu sagen:

„Gewiß, das Dorf, in dem Eure Heiligkeit geboren wurde, entbehrt noch mancher Annehmlichkeit. Die Pilger fühlen sich dort nicht recht wohl. Es fehlen uns, zum Beispiel, gepflasterte Straßen. Ein Wort darüber an die höheren Stellen würde genügen."

Der Papst lächelte dazu und meinte: „Wie Sie wissen, gibt es in dieser Welt zweierlei Machthaber: ‚Gott und den Cäsar'. Wenn sie beide im Einvernehmen handelten, wäre es wunderbar und ich wäre hocherfreut. Aber wenn sie den Satz ‚Do ut des' [ich gebe, damit du gibst] anwenden wollten – das könnte der Papst nicht zulassen."

Bei der Audienz, die den Journalisten während des Aufenthaltes des Generals de Gaulle in Rom gewährt wurde, nahm sich ein Reporter die Freiheit, den Papst um einen Überblick von der Unterhaltung, die er mit dem Präsidenten der Französischen Republik geführt hatte, zu bitten. Johannes XXIII. antwortete kurz angebunden: „Sie müssen recht neu in Ihrem Beruf sein, wenn Sie nicht wissen, daß man an den Papst keine Fragen stellt. Es steht dem Papst zu, Fragen zu stellen."
Am Schluß der Audienz wollte Johannes den taktlosen Journalisten aber nicht länger unter einem peinlichen Gefühl leiden lassen, und er ging zu ihm hin, um noch für einige Augenblicke mit ihm zu plaudern.

DER PAPST WIRD ÄRGERLICH

Zu einem italienischen Journalisten, der devot und hartnäckig auf den Knien verharrte, während der Papst ihm Anweisung gab, sprach Johannes XXIII.: „Stehen Sie doch auf, und setzen Sie sich auf diesen Stuhl!"
„Heiliger Vater, ich fühle mich beim Knien wohl. Ich habe mich an diese Stellung gewöhnt, die ich unter Pius XII. stets beibehielt."
„Zu knien ist recht gut, und zwar dann, wenn man betet, nicht aber, wenn man arbeitet."
Als der Journalist weiter in dieser Stellung verharren wollte, befahl plötzlich Johannes XXIII. streng: „Setzen Sie sich doch endlich. Wenn Sie nicht aufstehen, werde ich aufstehen und gehen."

DAS ÜBERRASCHENDE TELEGRAMM

Anfang Dezember 1944 traf ein chiffriertes Telegramm aus Rom bei der Apostolischen Delegatur in Istanbul ein. Erzbischof Roncalli befand sich allein in seinem Büro. Obwohl er kein Fachmann war, begann er, das Telegramm zu entschlüsseln; er glaubte, es handle sich um die normale Mitteilung einer Verwaltungssache. Doch seine Überraschung steigerte sich bei jedem Wort. Als er die Botschaft zur Hälfte übersetzt hatte, traf sein Sekretär ein und übersetzte sie schnell zu Ende. Das Telegramm teilte Roncalli mit, daß der Papst ihn zum Nuntius in Paris ernannt hatte und daß er sich sogleich dorthin begeben sollte. Er las das Telegramm immer wieder, bis er schließlich sagte: „Ich denke, sie müssen in Rom den Verstand verloren haben."

Zsolt Aradi

PER PEDES APOSTOLORUM

„Seit seiner Wahl hat der Papst Johannes XXIII. häufig den Vatikan verlassen. Er hatte sich dazu immer des Wagens bedient. Doch im Februar 1960 entschloß er sich, nach dem Ende des Gottesdienstes in der Jesuitenkirche Sant'Ignazio einige Schritte durch das Gewühl der römischen Altstadt zu Fuß zurückzulegen. Als er am Pantheon vorbei an sein Ziel, das Collegio Capranica, gelangt war, erklärte er in seiner Rede den Schülern dieser bekannten geistlichen Erziehungsanstalt:
‚Ich bin zu Fuß hierhergekommen, um einem alten Brauch zu entsprechen.'"

Josef Schmitz van Vorst

DIE AUSTREIBUNG DES WUCHERERS

Als Angelo Roncalli Apostolischer Legat in Griechenland war, brach während der ersten Kriegsjahre eine schreckliche Hungersnot aus. In den Straßen der Hauptstadt wurden Hunderte von Leichen geborgen.
Monsignore Roncalli traf manche Maßnahmen dagegen. Eines Tages meldete ihm der Kapuzinerpater Leibel, der eine Hilfsstelle für die Hungernden eingerichtet hatte, daß ein Kaufmann der Stadt unverschämte Preise für Mehl und Trockengemüse verlangte.
Der künftige Papst ging also, begleitet von seinem Sekretär, zu diesem Händler und stürmte die Türe des Raumes, wo sich die Reserven des Spitzbuben befanden, und zögerte nicht, ihm Prügel anzudrohen, falls er seine Ware nicht zu anständigen Preisen absetzen sollte.

KNIEFÄLLE

In einer Ansprache vor italienischen Pilgern gab Papst Johannes bekannt, er habe seine Mitarbeiter aufgefordert, nur noch zweimal täglich vor ihm niederzuknien. Der Papst sagte, er sehe es als eine Demütigung für sich selbst an, wenn Menschen niederknien, sooft sie bei ihm erschienen.

WELTLICHE EHREN

„Nun kann mich keine Versuchung nach weltlichen oder kirchlichen Ehren mehr rühren. Ich bin noch ganz verwirrt, daß mich der Heilige Vater nach Paris geschickt hat. Einen anderen Rang in der Hierarchie zu bekleiden oder nicht ist mir ganz gleichgültig. Das verleiht mir tiefen

Frieden und macht mich beweglicher für die Erfüllung meiner Pflichten, worum ich mich um jeden Preis und unter allen Umständen bemühe. Es ist gut, daß ich auf große Prüfungen oder Demütigungen vorbereitet bleibe. Sie werden das Zeichen meiner Vorbestimmung zur ewigen Seligkeit sein."

Exerzitien 1947, Paris-Clamart (Geistliches Tagebuch)

Denksprüche

„Gehorsam und Frieden.“ Das war sein Wahlspruch als Bischof, von dem er sagte: „Das kostet etwas, ist aber ein Gewinn für den Himmel.“

*

„Alles hören, vieles vergessen, einiges verbessern.“

*

„Gutta cavat lapidem – Steter Tropfen höhlt den Stein.“

*

„Man muß der Zeit Zeit lassen.“

*

„Sich anblicken ohne Argwohn, sich begegnen, ohne sich voreinander zu fürchten, sich unterhalten, ohne sich auszubreiten.“

*

„Einheit in nützlichen Dingen, Freiheit in zweifelhaften Dingen, Barmherzigkeit in allen Dingen.“

*

„Alles geben, doch ohne daß man mir etwas schuldig bleibt.“

*

„Gott ist alles: ich bin ein Nichts. Das genügt für heute.“

16. Dezember 1962

*

„Herr, mir ist auf dieser Welt nur eines notwendig: mich zu kennen und dich zu lieben. Nur deine Liebe und deine Gnade gib mir, dann bin ich reich genug und verlange nichts weiter.“

19. Dezember 1952

Evastöchter

SCHÖNHEITSKONKURRENZ

Bei einem seiner Spaziergänge in den Straßen Roms soll der Papst von einer Passantin gehört haben, wie sie zu ihrer Nachbarin sagte: „Himmel! Ist der aber dick!"
Johannes XXIII. soll sich dabei umgedreht haben und, an die Dame gewandt, gesagt haben: „Aber Signora, Sie müßten doch wissen, daß ein Konklave keine Schönheitskonkurrenz ist!"

DIE JUNGE VENEZIANERIN

Sprichwörtlich waren seine Aufmerksamkeit und sein ausgezeichnetes Gedächtnis, anderen zu helfen in Freud und Leid.
Als er Erzbischof von Venedig war, hörte er, daß ein junges Mädchen aus seiner Diözese sich in einen französischen Lastwagenfahrer verliebt hatte, den sie während der großen Ferien am Strand des Lido kennengelernt hatte. Der junge Mann reiste ab, ohne seine Anschrift zurückzulassen. Das junge Mädchen wartete vergebens auf Nachrichten und wurde vor Kummer krank. Monsignore Roncalli zögerte nicht, an einen Feldkaplan in Paris zu schreiben, um ihm diese Angelegenheit zu schildern mit der Bitte, die Spur jenes jungen Mannes ausfindig zu machen, der „blond und blauäugig" sei.
Dies wurde zwar versucht, doch die Geschichte hatte lei-

der kein Happy-End, denn der junge Mann war bereits mit einer anderen verlobt.

GESCHWÄTZ

Als Johannes in Audienz eine Gruppe von Anhängerinnen der Katholischen Aktion empfing, hörte das Gemurmel im Saal nicht einmal auf, als der Papst hereinkam. Vorwurfsvoll sagte er: „Man merkt doch gleich, daß hier eine Anzahl von Evastöchtern versammelt ist. Ich werde also versuchen, dagegen meine Stimme zu erheben.“
Als die Damen noch weiterschwatzten, wurde er strenger: „Wenn Sie jetzt nicht aufhören und ruhig sind, werde ich gezwungen sein, Ihnen sofort den Segen zu geben und mich dann zurückzuziehen.“
In einer Arbeiterdiözese kommentierte Johannes die Erzählung von dem im Tempel wiedergefundenen Jesusknaben und flocht dabei ein: „Josef hatte nicht mehr davon gesprochen. Er war ein Mann; Maria aber hatte alles erzählt. Sie war eine Frau, und die Frauen schwätzen bekanntlich zuviel.“

DER APFEL

Der Apostolische Nuntius in Frankreich saß bei einem Bankett an der Seite einer sehr eleganten Dame, deren Kleid zu tief ausgeschnitten war. Er bat sie nachdenklich, beim Nachtisch einen Apfel zu wählen, den er ihr auch reichte.
Als die Dame sich über eine solche Initiative verwunderte, fügte Monsignore Roncalli hinzu: „Nehmen Sie doch, Madame, ich bitte Sie darum. Denn erst, als Eva den Apfel gegessen hatte, merkte sie, daß sie nackt war.“

SKANDAL

Eine häufige Frage an den Nuntius in Paris: „Geniert es Sie denn nicht, Monsignore, wenn bei einem großen Diner Damen anwesend sind, die so sehr dekolletiert sind, daß es manchmal ein Skandal ist?“

„Ein Skandal? Aber nein“, antwortete Monsignore Roncalli, „denn wenn eine Dame ein zu tief ausgeschnittenes Kleid trägt, schaut man ja nicht auf sie, sondern auf den Apostolischen Nuntius.“

NYLON UND KROKODILHAUT

In einem Hirtenbrief, der während der Internationalen Filmfestspiele von 1958 verfaßt wurde:

„Ich erwarte keineswegs von den Touristen, daß sie in Italien Pelze und Wollkleider tragen. Sie können sich ja aus dieser modernen amerikanischen Seide, die so frisch und weich ist, Kleider zu niedrigen Preisen beschaffen. Andererseits liegt Italien nicht unter dem Äquator. Und sogar am Äquator – tragen denn dort nicht die Löwen ihre Pelze und die Krokodile nicht ihre so wertvolle Haut?“

Zeitungsmeldung

Der Tempel der Schöpfung

NATUR

Alles, was der Natur nahe ist: die Erde, das Meer, Tiere, Blumen, ergreifen diesen Bauernsohn aufs tiefste, der seine Jugend auf dem Lande verbrachte. Als Jüngling schwärmte er für Hunde. Er besaß mehrere Pflanzensammlungen, die er sich selbst zusammengestellt hatte. Als junger Seminarist verschwand er in den Ferien manchmal an die 48 Stunden aus dem Elternhaus, und man staunte nicht weiter, wenn er staubbedeckt zurückkam, mit Halmen in den Haaren, bekleidet mit einer blauen Weste und alten Kordhosen, die er gegen sein Priestergewand ausgewechselt hatte. Als Nuntius in Sofia besuchte er öfter das Rosental. In der Türkei liebte er es, sich in die herrlichen Gärten des Ghazi zu begeben; in Paris hatten die Ausstellungen im Park Bagatelle keinen treueren Bewunderer als ihn. M. Meilland, der Rosenzüchter, liebte es, dem Nuntius seine letzten Schöpfungen vorzustellen.

Eines Tages, auf einer Tour im venezianischen Cividavale, entdeckte er eine kleine, verlassene Kapelle. Er entschloß sich, dort einige Zeit zu verweilen, um Säulenfragmente zu zeichnen. Erstaunt, daß er sich damit so lange aufhielt, erinnerte ihn sein Sekretär, daß viel Arbeit in Venedig auf ihn wartete.

„Aber sehen Sie denn nicht, wie schön das hier ist?“ antwortete der Patriarch.

Als Nuntius in Paris liebte es der künftige Papst, sich zu allen möglichen Anlässen in die Provinz zu begeben, auch wenn es sich um die kleinsten Versammlungen handelte. „Man lernt Frankreich auch aus den Pfarrgärten gut kennen", sagte er, um seine lebhafte Reiseneigung zu entschuldigen, die Pius XII. ihm ausdrücklich vorhielt, der fand, daß sein Nuntius sich nicht genügend in seiner Pariser Residenz aufhielt.

„Ruhe und Frieden! Was für ein Unterschied zwischen dem beständigen, ungeduldigen Lärm in Paris und dieser Einsamkeit! Mein Geist ruht hier aus. Von meinem Fenster, aus dem schon viele Priester auf den kleinen See geblickt haben, der gestern abend und während der Nacht ziemlich bewegt war, heute morgen aber ruhig wurde, ist es schön, wie sie wieder an die Schwankungen des Lebens und an das Leben im Dienste unserer heiligen Kirche zu denken."

Anläßlich einer Exerzitienwoche in Hautecombe, 1948

*

Bei einem Besuch eines Vetters, der Winzer in Südfrankreich war und der nicht nur den Namen Roncalli, sondern auch den Vornamen des Nuntius, Angelo, trug, half der künftige Papst seinem Verwandten, das Vieh von der Weide in den Stall zurückzutreiben.

*

„Der Vertreter der höchsten geistlichen Autorität auf Erden schmeichelt sich, der Sohn eines einfachen, aber ehrlichen Landmannes zu sein."

An den Bürgermeister von Fleury-sur-Loire

Recht oft verspürte er Lust, lange Reisen durch Italien und ins Ausland zu unternehmen. Mehr als zehnmal war er vordem in Lourdes gewesen.
Als er schon Papst war, wollte Johannes weiterhin, und zwar so oft wie möglich nach seinem Ermessen, und auch weitab vom Lärm der Städte, spazierengehen. Dann ging er allein einen versteckten Weg entlang, um sein Breviergebet zu verrichten. Dabei war er wie ein einfacher Pfarrer schwarz gekleidet, um gänzlich unbemerkt zu bleiben.
Einige Tage vor seinem Tode schrieb er in sein Tagebuch: „Nicht ohne Bewegung vermag ich an meine Reise nach Loreto und nach Assisi zu denken. Ich wollte so gerne nach Monte Cassino reisen, doch wer weiß . . . wer weiß . . ."

*

Zu einigen Gärtnern des Vatikans, denen er beim Spazierengehen begegnete, sagte er: „Welch schönen Beruf üben Sie doch aus, meine Kinder!"

*

„Der Arbeitsadel der Bauern ist leicht zu erkennen: Sie leben im edlen Tempel der Schöpfung, und sie stehen in mannigfacher Verbindung zum Tierreich, sie sind unerschöpflich in ihren Offenbarungen und unbeugsam in ihren Gesetzen, die sie beständig an die Vorsehung, an Gott, den Schöpfer erinnern."

*

„Wenn Gott den Schatten erschaffen hat, dann war es, um das Licht hervorzuheben."

„Wenn die Wurzeln gesund sind, wächst der Baum auch auf steinigem Boden kräftig.“

„Hier besingt alles den Ruhm des Schöpfers und die Schönheit seiner Werke. Die Menschen aber, und zwar gewisse Menschen, sind nur darauf aus, sie zu zerstören und die Welt ins Elend zu stürzen.“

19. April 1940 auf einer Seereise

*

Als man den Papst fragte, was er noch gern tun würde, wenn einmal das Konzil zum Abschluß gekommen sei, antwortete er:

„Einen ganzen Tag lang mit meinen Brüdern noch die Felder bestellen.“

DAS EINFACHE ELTERNHAUS

„Gottes Güte sorgte für alles: Die gut bearbeiteten Felder sorgten für Getreide und Wein, die Tiere im Stall für Milch und andere Erträge, die Gottesfurcht als Fundament der Hausordnung für die heitere Atmosphäre eines Gemeinschaftslebens, das sich der tüchtigen Arbeit verpflichtet wußte, und für gegenseitige Achtung und ungetrübten Frieden in christlichem Geist. Am Abend eines jeden Tages war es der alte Onkel Zaverio, das Haupt der Familie, der den Rosenkranz anstimmte; und alle antworteten und bildeten dabei einen vielstimmigen Chor, dessen Nachklang in der Erinnerung, nach so vielen Jahren, die dazwischenliegen, noch immer ans Herz rührt.

Das alles geschah in der Zeit von 1880 bis 1892, in der die starke Familie sich naturgemäß verdoppeln mußte. Der

Kinder waren es zwanzig, Geschwister und Vettern zusammen, und zwar genau zehn Knaben und zehn Mädchen. Der älteste Knabe war Angelino, der zukünftige Papst, damals 11 Jahre alt."

Im Entwurf einer Selbstbiographie (Geistliches Tagebuch)

Glücklich sind die Armen

ARMUT

„Ich bin aus der Armut und den kleinen Verhältnissen von Sotto il Monte hervorgegangen, ich habe immer versucht, mich niemals davon zu entfernen. Welch große Gnade hat mir damit der Allmächtige gewährt . . . Glückhafte und friedsame Armut! Ich will sterben, ohne zu wissen, ob ich etwas Eigenes besitze. Die Armut hat mich öfters in Verlegenheit gebracht, besonders wenn es mir nicht gelang, die Meinigen, die recht bedürftig waren, und auch einige Mitbrüder zu unterstützen. Aber ich habe nie geklagt. Beati pauperes!"

*

„Es soll mich nicht stören, wenn man mich demütigt, wenn es nur zur größeren Ehre Gottes geschieht und zu meinem wahren Heil, zur Heiligung meines Geistes."

Exerzitien in Martinengo, 19. bis 25. Oktober 1913 (Geistliches Tagebuch)

LUXUSGEFANGENER

„Unser Giuseppino hatte recht, als er zu seinem päpstlichen Bruder sagte: ‚Du bist hier ein Luxusgefangener, der auch nicht alles tun kann, was er möchte.'"

In einem Brief an seinen Bruder Zaverio Roncalli, 3. Dezember 1961

„Ich weiß wohl, daß Ihr einiges zu erleiden haben werdet von seiten derer, die ohne Verstand daherreden: Einen Papst in der Familie zu haben, auf den sich ehrerbietig die Blicke der ganzen Welt richten und der seine Verwandten so bescheiden leben läßt, ohne ihre gesellschaftliche Stellung zu heben ... Die Ehre des Papstes besteht nicht darin, seine Verwandten zu bereichern, sondern ihnen je nach Bedürftigkeit und der Lage eines jeden einzelnen behilflich zu sein. Das ist und bleibt der höchste und der geachtetste aller Ehrentitel des Papstes Johannes und seiner Familie Roncalli. Bei meinem Tode wird mir nicht das Lob fehlen, das dem heiligen Pius X. soviel Ehre gemacht hat: arm geboren und arm gestorben."

Aus dem geistlichen Testament an die Roncalli

*

„Äußerer Wohlstand verdeckte öfters die verborgenen Plagen bitterer Armut und hinderte mich, mit jener Freigebigkeit zu geben, wie ich gern getan hätte. Ich danke Gott für die Gnade der Armut, die ich in meiner Jugend gelobt habe, der geistigen Armut als Priester vom Barmherzigen Herzen und der wirklichen Armut. Sie hat mich dazu angehalten, niemals um etwas zu bitten, weder um Geld noch um Posten noch um Vergünstigungen weder für meine Verwandten noch für mich oder meine Freunde. Meiner leiblichen Familie, von der ich keine materiellen Güter empfangen habe, kann ich nicht mehr hinterlassen als einen großen und ganz besonderen Segen, mit der Einladung, in der Gottesfurcht auszuharren, die sie mir immer so lieb und teuer machte, daß ich mich ihrer in ihrer Einfachheit und Schlichtheit niemals geschämt habe. Denn sie ist ihr wahrer Adelstitel. Ich habe ihr manchmal bei schwersten Nöten geholfen, wie ein Armer anderen Armen hilft, doch ohne ihnen ihre Armut zu nehmen, die ihr Glück und ihre Zufriedenheit bedeutet."

Aus dem Testament von 1954

IN ASSISI

Ein Journalist, der Zeuge der Wallfahrt nach Assisi war, die einen Tag vor dem Konzil stattfand:
„Ich sehe ihn noch mit eiligen Schritten und mit seinem wiegenden Gang sich von dem blendenden Gefolge der Offiziellen abheben. Er stieg allein die Treppen zum Altar hinauf. Er erschien mir arm und gebrechlich, als er die aufgeregte Menschenmenge segnete. Ich habe selten so sehr begriffen wie in diesem Augenblick, was ein Mensch ist, der dem Herrgott gegenübersteht."

F. Mayor

DIE KIRCHE DER ARMEN

Die Armut der Kirche war eines der Leitmotive seines Pontifikats. Johannes wollte, daß die Armen sich in der Kirche Jesu Christi – des Ärmsten der Armen – zu Hause fühlten, und mahnte beständig die Konzilsväter, Initiativen in diesem Sinn zu ergreifen. In seiner Ansprache vom 11. September 1962 beliebte er den Satz vom heiligen Petrus aus der Apostelgeschichte zu zitieren: „Silber und Gold besitze ich nicht, was ich aber besitze, gebe ich dir" (Apg. 3,6).

Die sogenannten Großen dieser Welt

AMT UND WÜRDE

„Ich trage eine Würde, die ich nicht verdiene, und eine Befehlsmacht, die ich nicht einmal so ausüben kann, wie es einem einfachen Priester möglich wäre. Selten bieten sich Gelegenheiten einer geistigen Aufmunterung, ich halte nie Beichte, bin den ganzen Tag hindurch beschäftigt, jetzt in einem schönen Hause, an meiner Schreibmaschine oder in ermüdenden Gesprächen inmitten vieler Schwierigkeiten und Dornen; zwischen Menschen, die zu Jesus Christus und von Rechts wegen zur katholischen Kirche gehören, die aber in keiner Weise den Sinn von Christus und noch weniger den *sensus ecclesiae* besitzen, ständig in Berührung mit den sogenannten Großen dieser Welt, doch betrübt durch die Enge ihres Geistes, wenn es sich um Übernatürlichkeit handelt."

In der Nuntiatur von Sofia

GESTERN NOCH ...

Der Papst, so hieß es im Jahre 1958, sei an die ihm dargebrachten Huldigungen der hohen Prälaten noch nicht gewöhnt. Er sei fast irritiert gewesen, als hohe Würdenträger zum Handkuß niederknieten.

„Verzeihen Sie mir", soll der neue Papst dazu gesagt haben, „wenn ich irritiert scheine. Ich muß mich erst an den neuen Stand der Dinge gewöhnen. Gestern war ich noch Kardinal, heute bin ich Papst. Verzeihen Sie mir."

*

„Heute morgen muß ich Kardinäle, Prinzen und wichtige Vertreter der Regierung empfangen. Aber an diesem Nachmittag will ich auch einige Augenblicke mit einfachen Menschen verleben, die keinen anderen Titel besitzen als den ihrer Menschenwürde und als Söhne Gottes."

An M. Maione Roméo,
ehemaligen internationalen Vorsitzenden der I.O.C.

„Ich habe die neuen Rekruten der Schweizergarde gebeten, heute nachmittag mit mir ein Gläschen Wein zu trinken, damit wir Bekanntschaft schließen können."
Auf die Einladung seiner getreuen Schweizergardisten hatte sich Papst Johannes besonders gefreut. Ja er hatte sich um die Besorgung der Weine und der für den bescheidenen Soldatensold im allgemeinen nicht so leicht zugänglichen Tafelfreuden persönlich bemüht. Ob es nun die päpstliche Küche war, die hier mit im Spiel war, oder der namhafte Delikatessenladen in Rom, der ein Geschäftsgeheimnis lüftete: Bis auf den heutigen Tag ist im Kreise der Schweizergardisten die Fama verbreitet, wonach eine wohlbekannte sonore Männerstimme die Bestellung durch das Telefon aufgegeben haben soll.
Wie dem auch sein mag, die Abendtafel bei den Schweizern im Vatikan war an diesem Abend verlockend und mit ungewohnter Pracht hergerichtet. Der Jubel kannte keine Grenzen, als der Heilige Vater eintrat und, bevor

er sich zu ihnen setzte, mit runder Geste auf die Üppigkeit weisend, seinen Mannen zurief: „Eßt, Jungens . . .!" Der Papst soll lange geblieben sein.

Ein Schweizergardist

JOHANNES UND KONSTANTIN

„Auch ich kam von Rom nach Sardica und gehe jetzt nach Konstantinopel. Aber nicht alles ist in dieser Beziehung zwischen Konstantin dem Großen und mir gleich . . . Wenn ich jetzt scheide, werden sehr treue Erinnerungen mich begleiten. Meine Anhänglichkeit an Bulgarien möchte ich gern dauerhaft machen, und deshalb habe ich den Heiligen Vater gebeten, den Titel meines Bischofssitzes zu ändern."

„Als ich hier 1925 eintraf", fuhr Roncalli fort, „war ich Titular-Erzbischof von Areopolis [einem alten Bischofssitz in Palästina]. Jetzt, da der Papst mich nach Konstantinopel versetzt hat, habe ich ihn gebeten, mir einen Titularsitz an diesem wundervollen Ort zu verleihen, der ein wahrer Edelstein Bulgariens ist. Nicht länger werde ich mehr Erzbischof von Areopolis sein, sondern von Mesembria. Auf diese Weise werdet ihr mir stets gegenwärtig sein, bei der Messe, beim Segen und auch dann, wenn ich Schriftstücke zu unterzeichnen habe. Ich bin und werde also ein Erzbischof in Bulgarien bleiben, Titularerzbischof an eurem ältesten Bischofssitz. Aber auch ihr dürft mich nicht vergessen, euren dauernden Freund . . . Es ist Weihnachten . . . In dieser Stunde denke ich an eine schöne und sinnreiche Überlieferung in einem anderen Land, weit entfernt von hier, in Irland. Am Weihnachtsabend brennen dort vor jedem Fenster Kerzen und Lichter, damit das obdachlose heilige Paar wissen soll, daß jede Familie, vor deren Fenster diese Lichter leuchten, es mit offenen Armen erwartet . . . Niemand weiß, was die Zukunft bringen wird, aber ich kann euch sagen: Jeder Bulgare, orthodox oder katholisch, der einmal in die Nähe meines Hauses kommen wird, wo es auch stehen mag, soll an meine Tür klopfen. Ich will nicht fragen, wer du bist. Es genügt, daß du sagst, du seist ein Bruder aus Bulgarien, und zwei Arme werden dich umfangen und dir ein Fest bereiten. Auch vor meinem Fenster wird also ein Licht stehen."

Predigt an bulgarische Zuhörer

Die Nichtigkeiten der Welt

DIE ÄRMSTEN DER GESCHÖPFE

„Wir sind zum Ruhme der Himmelsherrlichkeit erschaffen. Wenn der Allmächtige uns auf Erden auch einige Ehren gewährt, so sind sie dennoch wertlos und verfallen, wenn sie nicht von Gott kommen. Wenn der Allmächtige aber bestimmt, daß der Wert unseres Lebens ganz in ihm verborgen bleibt, dann wäre es müßig, nach etwas anderem zu suchen. Die Ehrgeizlinge sind die albernsten und die ärmsten Geschöpfe der Welt."

AN EINEN JUNGEN MONSIGNORE

„Wie sich die Jahre mehren, verblassen allmählich die persönlichen Auszeichnungen vor der höheren Würde des Dienstes, mehr als ein gutes Priesterleben der Kirche des Allmächtigen geben kann. Die *splendor animarum* geht vor *honor vestium*. Es sind aber dennoch Dinge, die sich vereinen lassen, wenn man sie hinzunehmen weiß und sich ihrer mit Einfachheit und mit Gnade, ohne übertriebene Unterwürfigkeit bedient. Es wird so jedermann erfreuen und für alle Brüder und für das christliche Volk vorbildlich sein."

*

„Ihr tut gut daran, Euch in Demut zu üben, wie auch ich es zu tun versuche, und Euch nicht von den Einflüsterungen und dem Gerede der Welt irreführen zu lassen. Die Welt will nichts anderes als Geschäfte machen, das Leben genießen und sich um jeden Preis aufdrängen, leider nötigenfalls auch ohne jede Rücksicht."

Geistliches Testament an die Roncalli

DIE EHRGEIZIGEN

Die Engherzigkeit, Eitelkeit und der Mangel an außerirdischem Streben einiger Priester verletzte ihn. Der Papst machte gerade diese Fehler verantwortlich für manches Übel und für manche Fehlschläge innerhalb der Kirche. Er rief am 19. Februar 1963 dem italienischen Klerus zu: „Oh, wie ist es doch zuweilen schwierig, mit gewissen Mitbrüdern zu leben, die stets nur von den Äußerlichkeiten des Priestertums reden und Mühe haben, aus ihrem Herzen die Sucht und das nicht immer verhüllte und bescheidene Streben nach Beförderung, Aufstieg und Auszeichnungen zu vertreiben; die gewohnt sind, alles geringschätzig auszulegen, und sich dadurch ein frühzeitiges, trübes und langweiliges Alter schaffen."

PAPST UND PRÄSIDENT

„Eisenhower nannte bei seiner Audienz im Dezember 1959 den Papst ‚Sire'. Das war die Anrede, die Souveränen gebührt. Doch ‚Sire' ist nicht dasselbe wie ‚Heiliger Vater' und ‚Eure Heiligkeit'. Noch andere zeremonielle Schwierigkeiten galt es bei dem Besuch im Vatikan zu überwinden. Obwohl er einen privaten Charakter trug, war er

doch von Feierlichkeit umgeben. Auch die päpstliche und die amerikanische Hymne wurden gespielt.
Am meisten Anstoß erregten dann die Fotoreporter. Im Vatikan hat eine römische Firma das Monopol. Ihre Fotografen treten im Frack auf, knien nieder, wenn es erforderlich ist, und üben ihren Beruf so diskret aus wie möglich. Der Inhaber dieser Firma ist ein Nachkomme des Kutschers, der den als Landpfarrer verkleideten Papst Pius IX. zusammen mit dem deutschen Prinzen Hohenlohe, dem späteren Kardinal, im Jahre 1849 vor der Revolution nach Gaeta in Sicherheit brachte. Die amerikanischen Fotoreporter, für die eine Ausnahme gemacht worden war, traten lärmend und ohne Rücksicht auf Formen auf. Sie schüttelten dem Papst zum Abschied freundschaftlich die Hand. ‚Good bye, Pope', riefen sie ihm zu und stürzten davon, um nicht die nächste Gelegenheit zu versäumen. Papst Johannes XXIII. soll lächelnd zu einem Monsignore, der in seiner Nähe stand, gesagt haben: ‚Dies ist die Weltrevolution.'"

Josef Schmitz van Vorst

HEIMATKLÄNGE

„Als der Papst in der Audienzmenge ihm vertraute Gesichter entdeckte, Priester aus Bergamo, lud er sie kurzerhand zu Tisch. ‚Es wird Uns guttun, im Dialekt Unserer Heimat sprechen zu können', ließ er die völlig konsternierten Herren seiner Umgebung wissen. Zu Weihnachten 1959 war Angelo Rotta, der 86jährige Nuntius in Ungarn, Gast im dritten Stock des Vatikanpalastes."

Gustav René Hocke

Der Krieg: ein Verbrechen

PACEM IN TERRIS

„Die Kriegsnachrichten wirken besorgniserregend. Der Krieg ist ein Schlachthaus und wird zu einem großen Sühneopfer für alle werden. Doch welcher Schmerz für so viele Mütter, Bräute und unschuldige Kinder."

18. Mai 1940

*

„Der Krieg ist eine harte Lektion für alle."

Mai 1940

*

„Der Krieg ist eine enorme Gefahr. Für einen Christen, der an Jesus und an sein Evangelium glaubt, ist er ein Verbrechen und ein Widerspruch."

10. Juni 1940

*

„Ich werde das Schreien eines Österreichers, dessen Brust während des Krieges durch Bajonettstiche zerrissen worden war und den man in das Lazarett von Caporetto gebracht hatte, wo ich Sanitäter war, niemals vergessen. Jenes Bild prägte sich noch tiefer in mir ein, als ich an der Enzyklika ‚Pacem in terris' arbeitete."

„Welchen Widerhall hat doch dieses ‚Pacem in terris' gefunden! Von mir stammt in diesem Dokument vor allem das demütige Beispiel, das ich während meines ganzen Lebens zu geben versucht habe. ‚*De bono homine pacifico*' (Nachfolge Christi II, 3). Die Welt ist aufgewacht. Allmählich wird die reine Lehre der Enzyklika den Zugang zu den Gewissen finden."

Persönliches Tagebuch

DER FELDKAPLAN

Einer seiner früheren Studenten aus Bergamo, Simone Bottani, gab von dem Feldkaplan Roncalli folgende Beschreibung: „Die Studenten, die ihn nicht kannten, erwarteten mit großer Neugierde den Mann, der Feldkaplan und gleichzeitig Professor für Apologetik war.

Als Feldkaplan Don Angelo Roncalli den Unterrichtsraum betrat, war er wie jeder andere Priester gekleidet, nur die Aufschläge seines Rockes zeigten zwei goldene Streifen. Lächelnd nahm er seinen Hut ab, bekreuzigte sich und begann mit einem Zitat aus den Briefen des hl. Petrus: ‚Laßt keinen unter uns als einen Mörder oder Dieb oder Verleumder leiden oder als einen, der des Nächsten Hab und Gut begehrt. Aber wenn er als Christ leidet, laßt ihn nicht beschämt sein; laßt ihn Gott unter diesem Namen lobpreisen' (1 Petr. 4, 15)."

Als der spätere Papst viele Jahre später Patriarch von Venedig geworden war, grüßte ihn die Vereinigung der Feldkapläne von ihrer Tagung aus mit einem Telegramm. In seiner Antwort erklärte der Patriarch: „Ich danke Gott dafür, daß ich vor mehr als zwanzig Jahren zum Militärdienst einberufen wurde und während des ganzen Ersten Weltkrieges Unteroffizier und Feldkaplan war. Wieviel habe ich doch damals vom Menschenherzen kennengelernt, wie viele Erfahrungen konnte ich sammeln, wieviel Gnade wurde mir zuteil, daß ich als Militärseelsorger tätig sein durfte ... Die heute im Dienst stehenden Militärgeistlichen sollten sich nicht scheuen, ihren alten Kameraden aufzusuchen, der sich zwar keinerlei Ruhm durch kühn vollbrachte Kriegstaten erworben hat, sich aber glückliche Erinnerungen an sein damaliges geistliches Amt bewahren konnte. Vergeßt nicht, mit den anderen Feldkaplänen nach Venedig zu kommen. Ich will ein Fest vorbereiten, teilt mir darum bitte eure Ankunft im voraus mit. Es wird auch ein Fest für mich selbst sein ..."

Simone Bottani

*

„Die beiden großen Übel, die heute die Welt vergiften, sind der Laizismus und der Nationalismus. Das erste ist charakteristisch für die Leute, die an der Regierung sind, und die Laien. Das zweite unterstützen sogar die Priester. Ich bin der Überzeugung, daß die Italiener, besonders die Weltgeistlichen, davon weniger angesteckt sind. Ich muß jedoch sehr wachsam sein, sowohl in meiner Eigenschaft als Bischof wie auch als Vertreter des Heiligen Stuhls. Gegen die glühende Liebe zu Italien, die ich in meinem Herzen trage, ist nichts einzuwenden; sie jedoch in der Öffentlichkeit zu betonen ist eine ganz andere Frage. Die heilige Kirche, die ich vertrete, ist die Mutter aller Nationen. Alle Menschen, mit denen ich in Berührung komme, müssen im Stellvertreter des Papstes die achtungsvolle Haltung gegenüber einer jeden Nationalität bewundern, voll Wohlwollen und Milde des Urteils, die allgemeines Vertrauen erweckt. Also viel Klugheit, respektvolles Schweigen und Liebenswürdigkeit in jeder Situation.“

Exerzitien, Istanbul, Oktober 1942
(Geistliches Tagebuch)

Die Kommunisten

DAVID UND GOLIATH

Über die Kommunisten äußerte sich der Papst einmal: „Das also sollen die Feinde der Kirche sein. Doch die Kirche kennt keine Feinde . . .“

„Etwas weniger Politik und etwas mehr christliche Innigkeit, das würde genügen, dem Apostolat Leben und Wirkungskraft zu geben“, schrieb Johannes 1947 an den Bischof von Bergamo. Es war einer seiner Grundgedanken: „Die Priester verlieren zuviel Zeit mit Polemisieren auf dem Gebiet der Ideologie und setzen sich dadurch nicht genügend für das Heil der Seelen ein.“

Er sprach über die kommunistische Gefahr und über die Möglichkeiten der sanften Kirche in diesem Kampfe mit dem Riesen Goliath: „Ja, wir stehen einem Goliath gegenüber und verlieren vielleicht zuviel Zeit mit Reden, die wir besser mit Gebet und mit guten Vorsätzen für unser Seelenheil und das unserer Nächsten nutzen sollten. Wir stehen jemandem gegenüber, der uns gewachsen erscheint; doch er ist nicht so stark, er ist nicht überlegen, denn er ist der Inbegriff des Irrtums, der Begierde und der Gewalt. Zuweilen befällt uns Angst, und wir fürchten uns vor dem Gedanken an den nächsten Tag. Und dennoch wird jener Riese sich dem Willen, der Gnade und der Barmherzigkeit Gottes fügen müssen. Wir dürfen aber auch nicht fürchten, daß ein Triumph dieses Kolosses den Zusammenbruch und einen allgemeinen Untergang bedeuten könnte. Denn in einem solchen Augenblick des

Sieges der Gewalt gäbe es Seelen, die mit demselben Licht erfüllt sind wie wir, die uns in Treue verbunden und demselben christlichen und apostolischen Ideal ergeben sind. Jene Furchtlosigkeit des kleinen David dem Riesen Goliath gegenüber versinnlicht die heilige und gesegnete katholische Kirche."

DIE KIRCHENVERFOLGUNG IN CHINA

Bewegt schilderte der Papst in einer Audienz die Geschichte der Verfolgung: die Vertreibung der Missionare, die Einkerkerung, auch die der chinesischen Bischöfe und Priester und ihre Behinderung bei der Ausübung ihres Amtes. Johannes XXIII. würdigte die Bewährung der Kirche in China. Doch habe es nicht an jenen gefehlt, „die mehr irdische Weisungen der Menschen als das Urteil Gottes fürchteten und den Befehlen der Verfolger nachgaben".

ZU BERLINER PILGERN

Am vorletzten Adventssonntag wurde in mehreren Reden und Kundgebungen in Rom der besonderen Lage Berlins gedacht. An erster Stelle standen dabei die Worte des Papstes an eine Gruppe von Berliner Pilgern, die er am Freitag zusammen mit dem damaligen Bischof von Berlin, Kardinal Döpfner, empfing.

Der Papst sagte: „In dieser Zeit, in der schwerwiegende Entscheidungen für Berlin erwartet werden, sollt ihr der Anteilnahme und der Sorge eures gemeinsamen Vaters sicher sein. Wir wünschen eurer Stadt Berlin, daß sie ihr Leben und ihre Ordnung in Freiheit und Gerechtigkeit gestalten kann."

Frankfurter Allgemeine Zeitung, 22. Dezember 1958

Johannes XXIII. hatte seine Botschaft mit den Worten eingeleitet:
„Jene angsterfüllte Stunde, in der Uns durch den unerforschlichen Willen der göttlichen Vorsehung nach dem Tode Unseres Vorgängers Pius XII., der sich um die katholische Kirche so große Verdienste erworben hat, die drückende Last des obersten Pontifikats auferlegt wurde, bedrückt Unser Herz und läßt es verzagen. Wir erheben daher vor allem glühende Fürbitte zu Gott, damit er in seiner unendlichen Güte Unserer Schwäche und Unfähigkeit Kraft verleihen möge, Unseren Geist erleuchte und Unseren Willen stärke."
Nachdem er Kardinälen, Geistlichen, Missionaren, Ordensangehörigen, den Laienaposteln in der Katholischen Aktion und allen Gläubigen seine Zuneigung bekundet und ihnen den ersten apostolischen Segen erteilt hatte, sprach der Papst weiter: „Aber Unsere Gedanken sind besonders bei den Bischöfen, Geistlichen, Nonnen und allen Gläubigen, die in Ländern leben, in denen die katholische Religion überhaupt keine Freiheit oder sie nur teilweise genießt, wo die geheiligten Rechte der Kirche mit Füßen getreten werden ... Wir richten Unsere Fürbitte zu Gott, daß er diesen unmenschlichen Verfolgungen endlich ein Ende setze, weil sie nicht nur die Ruhe und das Wohlergehen dieser Völker untergraben, sondern auch in offenem Widerspruch stehen zu der modernen Zivilisation und den seit langer Zeit erworbenen Menschenrechten. Gott möge den Geist der Regierungschefs dieser Nationen erleuchten, den Verfolgern verzeihen und allen jenen, die dann eine berechtigte Freiheit genießen, weit bessere und viel glücklichere Zeiten gewähren."

Audienz vom 29. Oktober 1958

„Die Kirche hat sich immer Irrtümern widersetzt. Sie hat sie auch oft mit der größten Strenge verurteilt. Heutzutage jedoch zieht die Braut Christi es vor, eher von dem Heilmittel der Barmherzigkeit als von der Strenge Gebrauch zu machen, sie hält dafür, den heutigen Bedürfnissen entgegenzukommen mehr durch den Aufweis der Gültigkeit ihrer Lehre als durch die Verurteilung . . ."

Aus der Eröffnungsansprache des Papstes zum Konzil am 11. Oktober 1962

VIELES VERDAUEN MÜSSEN

„Johannes XXIII. machte den Eindruck, in sanfter und geduldiger Großmütigkeit vieles verdauen zu müssen", schrieb Pater A. J. Serrand. Im Laufe seines langen Lebens wurde er zuweilen von seiner Umgebung nicht verstanden, er wurde verdächtigt und verleumdet. Das nahm er hin, ohne zu klagen. Er fand es sogar angemessen und heilsam für seine Demut, sein Kreuz schweigend zu tragen.
„Nein, es bedrückt mich nicht", liest man in seinem Tagebuch, „was man über mich schreibt und sagt. Es ist zu wenig im Vergleich zu den Angstgefühlen von Jesus, dem Gottessohne, während seines ganzen Lebens und am Kreuze."
Oder auch: „Ich ziehe vor, ohne Bitterkeit zu schweigen, durchdrungen davon, daß diese Entsagung eines Tages als tugendhaftes Beispiel dienen wird."

Zuweilen aber floß der Becher über, und eines Morgens, als er einen ihm befreundeten Priester empfing, las er ihm einen Brief vor, den er an einen Kardinal geschrieben hatte, der für seinen Gegensatz zu ihm wegen seines angeblichen „Linksdralls“ bekannt war. Der Papst beklagte sich darin, edel wie immer, doch mit Deutlichkeit über dessen Unverständnis.

Ob dieses Schreiben, in Erregung geschrieben, an seinen Empfänger jemals abgesandt worden ist, bleibt indessen für uns verborgen.

SCHNELL VERGESSEN

Es gab böse Zungen, die nach den italienischen Wahlen von 1963 den Papst für die Zunahme der kommunistischen Stimmen verantwortlich machten und ihm einige Abschnitte der Enzyklika „*Pacem in terris*“ über die Zusammenarbeit mit den Nichtchristen vorwarfen. Diese üble Nachrede war ihm besonders peinlich, da einige seiner Gegner erklärten, mit dem Grundgedanken schließlich einverstanden zu sein, aber die Veröffentlichung der Enzyklika vor den Wahlen in Italien anstatt nachher als eine Ungeschicklichkeit betrachteten.

„Sie sind guten Glaubens“, sagte er von ihnen, „ich bete für sie und liebe sie mehr als die anderen. Ich habe die glückliche Anlage, alles schnell vergessen zu können.“

DER BETRUG DES ZAREN

Über König Boris von Bulgarien, der entgegen seinem Versprechen seinen Sohn Simeon hatte orthodox taufen lassen, sagte der Papst: „Er hat mich betrogen, doch man hat weiterzuleben und nach Seelenfrieden zu streben. Ich habe die Hoffnung, daß auch aus diesem Übel ein größeres Wohl erwachsen wird. Wie jammervoll ist doch das menschliche Leben! Man muß für ihn beten.“

*

„Ja, wenn man dem einen vor dem anderen den Vorrang geben sollte, dann muß die Armut dem Reichtum, die Verachtung den Ehren, dann müssen die niedrigsten Beschäftigungen den höchsten Ämtern vorgezogen werden. Ich möchte mich einem Spezialstudium widmen. Die Vorgesetzten erlauben es nicht. Nun gut, dann verzichte ich und bleibe fröhlich. Ich möchte gerne zu Ostern die Subdiakonatsweihe empfangen. Die Vorgesetzten wollen davon nichts wissen. Also warte ich und bin dennoch fröhlich. Ich möchte, daß man mich in Ruhe ließe. Die Vorgesetzten dagegen möchten mir ein Amt auftragen, das mich zu erniedrigen scheint und meine Eigenliebe kränkt. Es ist für mich ein sehr großes Opfer, zu gehorchen. Gut, um so besser, ich will gehorchen und Mut fassen und fröhlich sein im Herrn. Das ist das Heilmittel, das alle Ungeduld stillt, die Entbehrungen versüßt und uns auch in allen Bitternissen des Lebens in Freude jubeln läßt.“

Exerzitien, 1902 (Geistliches Tagebuch)

Unglückspropheten und Kinderglauben

UNSERE OHREN WERDEN BELEIDIGT

Der Kulturpessimismus, der Mangel am wahren Glauben, die Verachtung der modernen Welt, die törichte Sehnsucht nach der Vergangenheit entriß ihm am wichtigsten Tag seines Lebens, bei der Eröffnung des Vatikanums II am 31. Oktober 1962 vor zweitausenddreihundert Konzilsvätern einen weithin hallenden Ausspruch, der durch seine Wucht alle überraschte: „In der täglichen Ausübung Unseres apostolischen Lehramtes kommt es öfters vor, daß bisweilen Stimmen solcher Menschen Unser Ohr betrüben, die zwar von religiösem Eifer beseelt sind, aber nicht die Urteilsgabe haben, noch ein kluges Urteil walten lassen, um die Dinge richtig zu sehen. Sie meinen nämlich, in den heutigen Verhältnissen der menschlichen Gesellschaft nur Untergang und Unheil zu erkennen. Sie reden unablässig davon, daß unsere Zeit im Vergleich zur Vergangenheit dauernd zum Schlechteren abgeglitten sei. Sie benehmen sich so, als hätten sie nichts aus der Geschichte gelernt, die eine Lehrmeisterin des Lebens ist, und als sei in den Zeiten früherer Konzilien, was die christliche Lehre, die Sitten und die Freiheit der Kirche betrifft, alles sauber und recht zugegangen. Wir sind aber völlig anderer Ansicht als diese Unglückspropheten, die ständig Katastrophen ankündigen, als ob die Welt vor ihrem Ende stünde."

EIN KINDERGLAUBEN

Eines Tages bedachte Papst Johannes den Kardinal Ottaviani, gewiß ein frommer und selbstloser Priester, der aber eine Neigung zur Dogmatik hatte, die ihn ständig befürchten ließ, die reine Lehre der Kirche könnte verfälscht werden, mit einer heiteren Charakterisierung voller Nachsicht:
„. . . Der Kardinal Ottaviani? Der hat seinen Kinderglauben!"

WENN ICH PAPST WÄRE

„Wenn ich sogar Papst wäre, was bin ich, wenn ich vor dem göttlichen Richter erscheinen muß, selbst wenn mein Name bekannt und von allen verehrt und überall in Marmor eingemeißelt wäre? Nicht viel. Ich kann es nicht glauben, daß mein Jesus, der mir heute soviel Vertrauen und Güte erweist, mir eines Tages mit von göttlichem Zorn entflammtem Gesicht erscheinen könnte, um mich zu richten."

Exerzitien 10. bis 20. Dezember 1902
(Geistliches Tagebuch)

Laßt die Kindlein zu mir kommen

„Wenn Sie nach Hause kommen, küssen Sie für mich Ihre Kinder. Sagen Sie ihnen, daß es eine Liebkosung des Papstes sei."

An die Römer am Abend des 11. Oktober 1962

*

Im Benediktinerkloster von Subiaco tadelte Johannes XXIII. die Aufseher, die den Kindern verbieten wollten, auf die Bänke zu klettern, um besser sehen zu können: „Lassen Sie sie doch, lassen Sie sie doch", wiederholte er.

Der Papst fragte ein Kind:

„Wie heißt du?"

„Arcangelo."

„Oh, ich heiße nur Angelo!"

PAPST ODER POLIZIST?

In der ersten Zeit seines Pontifikats erhielt Papst Johannes einen Brief von einem etwa zehnjährigen Jungen mit Vornamen Bruno mit folgendem Inhalt:

„Mein lieber Papst,

Ich bin ratlos; ich möchte Papst oder Polizist werden. Was denkst Du darüber?"

Der Papst antwortete:

„Mein lieber Bruno,

Wenn Du meine Meinung hören willst, so erlerne den Beruf eines Polizisten, denn dafür kann man sich vorbereiten. Was den Papstberuf anbetrifft, so kannst Du ja später sehen. Jedermann kann Papst werden, Beweis dafür: Ich bin es geworden. Wenn Du nach Rom kommst, werde ich mich freuen, mit Dir darüber zu sprechen."

DIE GROSSEN SUPPENTÖPFE

An einem Sonntag im Januar 1959 empfing der Papst 150 Kinder im Alter bis zu vier Jahren im Vatikan-Hospiz „Santa Maria" und beschenkte sie mit Spielsachen. Den Müttern rief der Papst zu: „Habt keine Angst davor, viele Kinder zu kriegen. Diese Welt ist von Gott nicht geschaffen worden, um ein Friedhof zu sein."
Zum Schluß der Feier sagte er nochmals, zu den Müttern gewandt: „Seid guten Mutes, der Herrgott segnet die großen Suppentöpfe."

Frankfurter Allgemeine Zeitung

FISCHE

Der Empfang des Kardinalkollegiums kurz vor Weihnachten 1958 zur Entgegennahme der Weihnachtsbotschaft hatte am Montagabend ein Vorspiel in dem Empfang der zweihundert römischen Pfarrer im Vatikan gehabt. Der Papst sagte dabei, in Rom fühle er sich wie ein Fisch im Wasser. Natürlich habe es auch in Venedig Fische in der Lagune gegeben: „Aber Rom ist ein Wasser eigener Art."

*

„Hier bei den Jesuitenpatres beobachte ich jeden Abend vom Fenster meines Zimmers aus eine Ansammlung von Booten auf dem Bosporus. Zu Dutzenden, zu Hunderten tauchten sie vom Goldenen Horn her auf. Sie treffen sich an einem bestimmten Punkt und entzünden dann ihre Lichter. Manche hell, manche weniger hell, ein farbenprächtiges, eindrucksvoll leuchtendes Bild. Ich dachte, daß auf dem Meer ein Fest aus Anlaß des Bairam stattfindet, das in diese Tage fiel. Aber es handelte sich um den gemeinsam organisierten Fang von ‚Palamiten', großen Fischen, von denen es heißt, daß sie aus den entlegensten Teilen des Schwarzen Meeres kommen. Die Lichter scheinen die ganze Nacht, und von ferne hört man die fröhlichen Stimmen der Fischer.
Dieses Schauspiel ergreift mich. In der vergangenen Nacht setzte gegen ein Uhr ein starker Regenguß ein; die Fischer aber blieben unermüdlich bei ihrer beschwerlichen Arbeit. Wie beschämend ist dieses Beispiel für mich, für uns Priester, als ‚Menschenfischer'. Dieses Bild ist wie ein Gleichnis. Eine Vision der Arbeit, des Eifers und der uns gestellten apostolischen Aufgabe."

Exerzitien in Istanbul, November 1939
(Geistliches Tagebuch)

LASST SIE NUR KOMMEN ...

Zu Bischöfen aus Kanada, die zum Konzil nach Rom gekommen waren, sagte der Papst: „Sie glauben doch nicht etwa, daß ich Sie habe herrufen lassen, daß Sie alle denselben Mönchspsalm singen?"

*

Bei einer anderen Gelegenheit an die Konzilsväter: „Sprecht Euch aus! Seid gedankenreich!"
Oder ein andermal: „Wenn alle Bischöfe versammelt sein werden, wird man schon feststellen, daß etwas Neues geschieht."
„Die von der Vorsehung geleiteten Aussprachen der ersten Sitzungsperiode des Konzils haben die ewige Wahrheit hervortreten lassen und die heilige Freiheit der Kinder Gottes, wie sie in der Kirche besteht, vor der ganzen Welt sichtbar werden lassen."

Aus der Schlußansprache

DER PAPST DER VERSÖHNUNG

„Ein im besten Sinne des Wortes moderner deutscher Gottesmann, der sich beklagt hatte, daß gewisse Dinge bei der Vorbereitung des Vatikanischen Konzils nicht gebührend ‚klappen' würden: ‚Es fehlen Fernschreiber, es

fehlen Telephonapparate', wurde zur Audienz zum Papst gebeten. Nachdem er dem jungen Priester bestimmte Vollmachten zur Abhilfe gegeben hatte, sprach der Papst weiter zu seinem jungen Besucher:
‚Ich hörte immer, die Deutschen wüßten zu organisieren!' ermahnte er ihn wegen dessen Ungeduld.
Aber er zog ihn dabei herzlich an seine Brust, lächelte ihm zu, indem er leise zu ihm die ermunternden Worte sprach: ‚Mein Sohn, Sie sollen sogar auch gesagt haben, man könne nicht *alles* dem Heiligen Geist überlassen!'"

Joseph Müller-Marein

EINE BEDAUERLICHE MASSNAHME

Sein Freiheitssinn und sein Respekt für den Nächsten befähigten ihn, nicht zu verurteilen. Jeder weiß, daß Papst Johannes wenig Sympathie für die Denkweise gewisser Mitglieder des Heiligen Offiziums hegte, die überall Ketzerei zu sehen glauben und dabei an die Wirksamkeit des Index oder von Verwarnungen glauben.
„Den Freiheitswillen respektieren", schrieb er 1940 in sein Tagebuch, „das ist das beste Mittel, die Menschen wohlgesinnt, fromm und den guten Ratschlägen zugänglich zu machen."

*

Einige Tage, nachdem das Heilige Offizium einen Tadel gegen Teilhard de Chardin veröffentlicht hatte, zögerte der Papst nicht, während einer Audienz öffentlich zu erklären: „Diese Maßnahme ist bedauerlich." (Wenngleich er selbst auch nicht sonderlich die Gedanken des gelehrten Jesuiten schätzte. Monsignore Roncalli, Nuntius in Paris, hatte eines Tages zu Pater Rouquette bemerkt: „Dieser Teilhard könnte sich mit der Glaubens- und Soziallehre der Kirche begnügen, anstatt alle diese Probleme aufs Korn zu nehmen ..." *„Études", Juli-August 1963.*)

Dieser Ausspruch erregte natürlich Aufsehen und rief Bestürzung im Heiligen Offizium hervor, dessen Vorsitzender der Papst persönlich ist. (Die „Monita", die dem Papst nicht vorgelegt werden, bedeuten einfache Verwarnungen und nicht etwa Ausschließungen für den Index.)

DIE KRITIKER

Die Kardinäle hatten dem Papst ihre Glückwünsche zum bevorstehenden Namensfest von 1963 überbracht. Der Papst bezog sich in seiner Ansprache auf das Beispiel des heiligen Joseph, seines Namenspatrons.

„Er sprach wenig", sagte er, „aber er führte ein kraftvolles Leben und entzog sich keiner Verantwortlichkeit. Wer Glauben hat, der zittert nicht. Er überstürzt nicht die Ereignisse, er ist nicht pessimistisch, er verliert nicht seine Nerven. Diese Eigenschaften aus dem Charakterbild des heiligen Joseph sind Uns vertraut und flößen Uns Mut ein. Aus dieser Heiterkeit des Geistes zieht die Demut des Papstes ihre beständige Anregung. Sie kommt nicht aus der Unkenntnis der Menschen und der Geschichte und verschließt nicht die Augen vor der Wirklichkeit. Es ist die Heiterkeit, die von Gott kommt, dem allerweisesten Lenker der menschlichen Geschicke, und so sehr in Verbindung steht zu den außerordentlichen Ereignissen des ökumenischen Konzils wie zu dem gewöhnlichen und schweren Dienst der universalen Kirchenregierung."

„Meine Brüder, widerstehen wir doch der Stimme des

Hasses, bleiben wir doch der Liebe, dem Frieden und der Sanftmut treu. Auf diese Weise wird gebaut oder wiederaufgebaut und dem Gesetz des menschlichen Fortschritts Ehre gemacht, der den Triumph der Freiheit bedeutet, dem Inbegriff des wahren, individuellen und sozialen Wohlstandes."

In Algier, 1950

„DEO GRATIAS!"

„Sind Sie Theologe?" fragte eines Tages der Papst einen anglikanischen Geistlichen.
„Nein, Heiliger Vater", antwortete der Angeredete etwas verwirrt.
„Nun gut! Deo gratias! Ich auch nicht, wenn man es auch so sagt. Sie wissen ja selbst, wieviel Unglück die Berufstheologen der Kirche durch ihre Haarspaltereien, ihren Ehrgeiz, durch ihre Engherzigkeit und ihren Eigensinn zugefügt haben."
Man sollte jedoch solche heftigen Ausbrüche nicht allzu ernst nehmen, wie die folgende Anmerkung zeigt, die 1961 während seiner Exerzitien geschrieben wurde.
„In diesen Tagen mache ich mich vertraut mit dem heiligen Leo dem Großen und mit Innozenz III. Leider beschäftigen sich zu wenige Geistliche mit diesen Kirchenfürsten, obwohl sie so reich sind an pastoralem Gehalt. Ich werde nicht müde werden, aus diesen so kostbaren Quellen theologischer Weisheit und hoher auserlesener Poesie zu schöpfen."

ERKENNE DICH SELBST

Die wenigen Jahre seines Lebens, die der junge Seelsorger Don Angelo Roncalli unter den Studenten seiner Bergamasker Heimat zubringen durfte, schienen ihm später die glücklichsten seines Lebens gewesen zu sein. Der fröhliche Lärm im Studentenhaus entsprach seinem eigenen Wesenszug und beflügelte ihn. Doch entspricht es auch seinem Charakter, daneben unversehens die ernste Mahnung einzuflechten.

Nicht immer nämlich waren seine jungen Zöglinge so gewissenhaft, die Straßen der Stadt Bergamo in untadeligem Äußeren zu betreten. Also ließ Don Angelo neben dem Treppenabsatz im Eingang einen Spiegel anbringen. Daneben war die Inschrift vom Apollotempel in Delphi angebracht:

„Erkenne dich selbst!"

Zsolt Aradi

DIE WAFFEN DER BARMHERZIGKEIT

Der Papst liebte schlechte Theologen nicht, wie wir wissen, doch er liebte noch weniger die Bannflüche.

„Die heutige Kirche", erklärte er in der Eröffnungsrede des Konzils, „zieht es vor, eher die Waffen der Barmherzigkeit anzuwenden als jene der Strenge."

DREISSIG ZENTIMETER

Beim Überlesen eines Schemaentwurfs für das Konzil, der gewissen theologischen Forschungen und der modernen Exegese besonders betont und feindselig gegenüberstand, nahm Papst Johannes einen Maßstab in die Hand und sprach zu seinem Vertrauten:

„Sehen Sie nur – in diesem Entwurf gibt es dreißig Zentimeter Verurteilungen!"

„Ich beginne mit meinem Wirken in der Seelsorge in einem Alter – zweiundsiebzig Jahre –, in dem andere es abschließen. Ich stehe schon an der Pforte der Ewigkeit. Mein Jesus, du, der erste Hirte und Bischof unserer Seelen, in deinen Händen liegt das Mysterium meines Lebens und meines Todes, nah an deinem Herzen. Einerseits zittere ich, wenn ich an das Herannahen der letzten Stunde denke; anderseits habe ich Vertrauen und erwarte sie, Tag für Tag. Ich fühle mich in der gleichen Lage wie der heilige Aloisius von Gonzaga. Ich führe meine Arbeit fort, ich bemühe mich allezeit um meine Vervollkommnung, mehr noch aber denke ich an die göttliche Barmherzigkeit."

Einkehrtage mit den Bischöfen der drei venezianischen Regionen in Fietta, Mai 1953 (Geistliches Tagebuch)

„Ich darf mich der Tatsache nicht verschließen, daß ich entschieden dem Alter zustrebe. Der Geist wehrt sich dagegen und protestiert gleichsam, da ich mich noch so jung, rüstig, agil und frisch fühle. Ein Blick in den Spiegel allerdings genügt, um über meine wirkliche Verfassung zu urteilen. Das ist die Zeit der Reife. Ich muß also mein Bestes tun und bedenken, daß mir vielleicht nur noch wenig Zeit beschieden ist und ich schon nahe der Pforte zur Ewigkeit stehe. Ezechias wandte sich, als der Gedanke auf ihn zukam, zur Mauer und weinte. Ich weine nicht. Nein, ich weine nicht, und ich möchte auch nicht wieder von vorne beginnen, um es besser zu machen. Ich vertraue der Barmherzigkeit des Herrn alles an, was ich mehr oder minder gut vollbracht habe."

Geistliche Einkehr während der Karwoche In Solesmes 1945 (Geistliches Tagebuch)

Das Konzil? Frische Luft

„Ohne jemals zuvor daran gedacht zu haben, habe ich am 20. Januar 1959 in einem ersten Gespräch mit meinem Staatssekretär das Wort vom Ökumenischen Konzil erwähnt, der Diözesansynode und einer Revision des Kanonischen Rechtes. Ohne jemals zuvor darüber nachgedacht zu haben und sogar im Gegensatz zu allem, was ich mir vorgenommen hatte oder mir über diesen Punkt vorgestellt hatte. Der erste, der überrascht war von meinem Vorschlag, war ich selbst, bevor noch jemand anderes in der Lage war, Zeichen einer Reaktion zu geben. Nachher erschien mir seine rasche und beständige Entwicklung ganz natürlich. Nach drei Jahren der Vorbereitung stehe ich nun auf den Hängen des heiligen Berges, den es zu erklimmen gilt.

Der Gedanke eines Ökumenischen Konzils ist in mir nicht als Frucht eines langen Nachdenkens gereift, sondern spontan gleich der Blüte eines unverhofften Frühlings aus der Wurzel geschossen."

DER PAPST KOMMT ZU FUSS

Papst Johannes XXIII. erreichte es, bei der Eröffnungsprozession des Konzils am 11. Oktober zu Fuß in den Petersdom einzuziehen.

„Man kann mir die Demütigung nicht antun, unter den Brüdern des Episkopats auf der ‚Sedia Gestatoria' getragen zu werden", äußerte er, als man ihm das Protokoll der Zeremonie unterbreitete.

Das päpstliche Zeremoniell fügte sich.

„Der Herrgott weiß, daß ich zu dieser großen Eingebung eines Kirchenkonzils meine bescheidene Seele in Schlichtheit geöffnet habe. Wird er mir auch gestatten, es zu Ende zu bringen? Er sei gepriesen. Wird er es mir nicht gestatten . . .? Vom Himmel aus, wohin die göttliche Barmherzigkeit mich heimholen wird, werde ich dann den glücklichen Abschluß erleben können."

Tagebuch

*

Zu einem Prälaten der Kurie, der ihm erklärte: „Es ist doch vollständig ausgeschlossen, solch ein Konzil schon 1963 zu eröffnen", sprach der Papst: „Wir werden es noch 1962 eröffnen!"

LIEBE UND DULDUNG

„Überall, wo Rom ist, muß es auch mütterliche Liebe geben . . ."

„Wir wollen vor allem, daß dies Konzil eine Handlung der Liebe sein soll."

Für jene öffentlichen Sitzungen des Konzils, denen er präsidierte, forderte Papst Johannes, daß sein Sessel ohne jeglichen Throncharakter, wie sonst eigentlich üblich ist, bleiben sollte. In der Tat wollte er, wie er sich ausdrückte, „nichts als ein Bischof unter Bischöfen sein".

„Wenn das Konzil einmal begonnen hat, dann weiß ich schon, welches Opfer von mir noch erwartet wird: mein Leiden."

An Kardinal Suenens

Mit inniger Eindringlichkeit wandte sich der Papst an jene Christen, die sich von Rom getrennt haben.
„Gestattet", bat er, „daß Wir euch mit innigem Verlangen Brüder und Söhne nennen, und beachtet, daß Wir euch nicht in ein fremdes Haus einladen, sondern in das eigene, gemeinsame Vaterhaus."

VORBEREITUNG DER RÜCKKEHR

In einer Ansprache vor Führern der Katholischen Aktion Italiens, die vom „Osservatore Romano" veröffentlicht wurde, erklärte er: „Wenn sich die katholische Kirche dann in all ihrer Herrlichkeit zeigt, werden wir zu den Orthodoxen, den Protestanten und den anderen sagen: Ihr könnt sehen, Brüder, dies ist die Kirche Christi. Kommt, kommt doch – der Weg zu einer Begegnung, zu einer Rückkehr ist frei. Kommt und nehmt – oder nehmt wieder – euren Platz ein, der für viele von euch der Platz eurer Vorväter ist. Welche Freude und Wohlfahrt dürfen wir sogar in der bürgerlichen und sozialen Ordnung der ganzen Welt von einem religiösen Frieden, einer wiedervereinigten christlichen Familie erwarten."

*

„Wenn der Herr Jesus mir sagte: Bitte mich um diese Gnade, das Konzil glücklich abzuschließen, dann werde ich sie dir geben. Ich würde antworten: Nein, Herr, nein, ich möchte nicht bitten. Mach du es! Bis zum Ende meines Lebens will ich treu der Lehre des Vaterunsers bleiben, die du mich gelehrt hast und worin du selbst das anziehendste Beispiel gabst von Bethlehem bis Kalvaria: Fiat voluntas tua!"

DER KAISERLICHE STAUB

Was erwartete Johannes XXIII. vom Konzil?
Er hat sich mit dieser verwickelten Frage ausgiebig auseinandergesetzt. Doch eines Tages sprach er ein besonders ausdrucksvolles Wort von franziskanischer Einfachheit aus.
„Vom Konzil?“ sagte er und näherte sich dabei dem Fenster, als wollte er es öffnen, „erwarte ich einen frischen Luftzug ... Es gilt, den kaiserlichen Staub, der sich seit Konstantin auf den Thron des heiligen Petrus gesetzt hat, abzuschütteln.“

An einen Botschafter

REIFEN LASSEN

„Wie oft hat er Besuchern erzählt, wie er auf den Gedanken des Konzils kam. Ich erinnere mich, wie er einmal in einer Audienz sagte, der Gedanke sei ihm so plötzlich gekommen, wie ein Blatt vom Baum vor einem niederfällt. Dabei begleitete er mit einer Geste seiner Hand diese fallende Bewegung. Die schwierigen Wege, die solchen Intuitionen folgen, ging er mit unbeschwertem Optimismus. ‚Ich bin immer Optimist‘, so sagte er in der Audienz der deutschen Bischöfe während der ersten Konzilsperiode. Manche von uns müssen rückblickend gestehen, daß sie während der Konzilsvorbereitung gelegentlich mehr führende, sich auf wesentliche Fragen konzentrierende Planung als optimistische Reden gewünscht hätten. Doch wir mußten während des Konzils zugeben und haben es voll Dank gegen Gottes Fügung getan, daß solch geduldiges Reifenlassen gut war.“

5. Juni 1963; Julius Kardinal Döpfner

Der Born der Kirche

KEINE FESTUNG

„Die Vertreter der Kirche dürfen sich nicht auf eine Insel zurückziehen oder sich auf einer Festung einschließen ... Vom rechten Wege abkommen würde, wer sich damit begnügen wollte, den leuchtenden Himmel zu betrachten und die Wahrheit wie einen versteckten Schatz für sich allein zu hüten, die uns von unseren Vorfahren übermittelt worden ist."

KEIN MUSEUM

„Bleibt nicht unbeweglich stehen wie die Statuen in einem Museum."
„Wir weilen nicht hier auf Erden, um ein Museum zu hüten, sondern um einen blühenden Lebensgarten zu bestellen, dem eine glorreiche Zukunft verheißen wurde."

An Laien

WASSER

„Menschen aller Gattungen kommen zu meinem schlichten Brunnen. Mein Amt erfordert, jedem Wasser zu reichen. Sogar im Herzen eines Räubers einen guten Funken zu entzünden, das erscheint mir als eine Barmherzigkeit, die zu ihrer Zeit Segen tragen wird."
„Die Kirche ist kein Museum für Altertumskunde, son-

dern ein antiker Born, der sein Wasser den heutigen Generationen so spendet, wie er es auch in der Vergangenheit getan hat."

*

„Der Bischof gleicht immer einem öffentlichen Brunnen."

*

„Jede Pfarrgemeinde ist mein Familienalbum."

DAS HAUS ALLER

In seiner Enzyklika „Pacem in terris" hat sich der Papst an alle Menschen guten Willens gewandt. So erinnert er die Katholiken, daß die Kirche jedem gehört, Gläubigen und Nichtgläubigen, und daß durch Berufung die Menschheit das Volk Gottes ist.

„‚Den Frieden lasse ich euch, meinen Frieden gebe ich euch', sagte Christus am Vortage seines Todes . . . Aus der Tatsache, daß das Wirken der Kirche und ihre Dokumente auf der ganzen Erde nicht nur Katholiken, sondern auch die Außenstehenden stark bewegen, die sich weniger darum kümmern könnten, darf man den Schluß ziehen, daß dieser Eifer nicht erlahmen, sondern ansteigen wird, je mehr die Angst und die Skepsis sich behaupten. In der gegenwärtigen Entwicklung des menschlichen Geschehens, durch welches die Menschheit in eine neue Ordnung einzutreten scheint, muß man viel eher einen verborgenen Plan der göttlichen Vorsehung erkennen. Dieser verfolgt mit dem Ablauf der Zeiten, durch die Werke der Menschen und meistens darüber hinaus sein eigenes Ziel, und alles, auch das entgegengesetzte menschliche Streben, lenkt er weise zum Heile der Kirche."

Pacem in terris

„Die neuerlichen Feierlichkeiten zu Ehren des Kaisers Wilhelm gaben, ob ich es wollte oder nicht, Anlaß zur Zerstreuung. Die glanzvolle Entfaltung weltlichen Prunks hat mich geblendet, so daß mir die innere Sammlung schwerfiel. Dieses außergewöhnliche Ereignis ist zugleich von ungeheurer Tragweite, ein Zeichen der göttlichen Vorsehung, ein wahrer Triumph des Papsttums: Ein protestantischer Kaiser steigt nach so vielen Auseinandersetzungen die Stufen zum Vatikan empor mit einer Feierlichkeit und einem Glanz, die einmalig sind, und beugt sich vor der Größe des päpstlichen Thrones. Dies muß, ganz besonders für uns junge Menschen, ein Grund zu Hoffnung und reiner Freude sein. Mehr als dieses Ereignis uns zu zerstreuen vermag, muß es unsere Vorstellung von Gott und Jesus Christus, dem wahren König der Kirche und aller Zeit, läutern und uns zu aufrichtiger und brennender Liebe zu ihm und seinem Werk anspornen."

Geistliche Notizen, 8. Mai 1903 (Geistliches Tagebuch)

DER POLARSTERN MEINES PRIESTERTUMS

Für den Bischof von Bergamo, Giacomo Maria Radini Tedeschi, hegte der Papst die größte Bewunderung: Man kann sagen, daß zwischen beiden eine brüderliche Ähnlichkeit bestand.

„Er ist der Polarstern meines Priestertums. Sein Herz war weit mehr dazu bereit, Verdienste zu betonen, als Mängel zu rügen. Jedermann behandelte er mit größter Ehrerbietung. Er sprach mit unvergleichlicher Anteilnahme und würzte seine Äußerungen mit überraschenden Scherzworten. Er war nicht herrisch. Er wollte, daß alle Kräfte um ihn herum ihren Beitrag leisteten und ihrer eigenen Verantwortung gerecht wurden. Er war auch taktvoll. Man entdeckte in seiner Seele den Kern einer unerschöpflichen Heiterkeit."

„Das Gute", pflegte er zu sagen, „muß gut gemacht werden. Gutes muß frei sein und von jeder Bedrückung enthoben sein."

EIN PRIESTER, OFFEN UND FRIEDLIEBEND

„Daß jeder von mir sagen kann: Ich habe keine Gruben von Uneinigkeit und Mißtrauen gegraben; ich habe unsterbliche Seelen nicht durch Unfrieden, Argwohn oder Furcht betrübt; ich war aufrichtig, offen, vertrauensvoll;

ich habe mit brüderlicher Sympathie in die Augen geschaut, selbst dem, der mein Ideal nicht teilte; damit das große Gebot Jesu: Unum sint! [sie seien eins] sich zu seiner Zeit verwirklichen kann."

*

„Oh, welch trauriges Leben ist doch das eines Bischofs oder eines Priesters, der nichts anderes als ein Diplomat oder ein Bürokrat zu sein versteht."
Der Präsident der Französischen Republik, Vincent Auriol, erhielt das Vorrecht, dem Nuntius am 15. Januar 1953 das Kardinalbirett aufs Haupt zu setzen. Bei dieser Gelegenheit erklärte der künftige Papst in seiner Ansprache im Elysée-Palast:
„Es wird mir eine Befriedigung sein, wenn jeder gute Franzose sich bei der Erinnerung an meinen bescheidenen Namen und an meinen Aufenthalt unter Ihnen sagen kann: ‚Er war ein offener und friedliebender Priester, stets und bei jeder Gelegenheit ein zuverlässiger und aufrichtiger Freund Frankreichs.'"

LANDPFARRER

„Seit dem Tag, an dem ich geboren wurde, habe ich an nichts anderes gedacht als daran, Priester zu werden. So geschah es, daß ein schlichter Sohn des Volkes mit jener schönen Aufgabe betraut wurde, die dem Volke dienen soll.
Der Priester ist dazu da, die Seelen zu stärken und zu erleuchten. Er soll sich dieser Aufgabe allein widmen, denn er bemerkt an sich selbst die Last der menschlichen Zerbrechlichkeit. Beim Anschauen Ihres Patriarchen sehen Sie Ihren Priester und nichts sonst weiter."

„Der Pfarrer? Ein Mensch wie jeder andere, ein einfacher Priester, besonders aber Seelenhirt. Als junger Priester strebte ich nur danach, ein Landpfarrer zu werden . . .“
„Ich werde mich bemühen, stets mit Ihnen in Verbindung zu bleiben, aber auf einfache Art und nicht in einer feierlichen Form, mit raschen und lautlosen Schritten. Denn dies gehört zur Rolle eines Hirten: seine Schafe einzeln zu zählen.“

An die Pfarrer der Diözese von Venedig

EIN VATER, KEIN GENDARM

Bei seiner Ankunft in Venedig 1953 als Patriarch und Erzbischof, sprach er zu einem jungen Priester: „Ich will mich wie ein Vater verhalten und nicht wie ein Gendarm.“

DIE TÜR DER SCHAFE

„Es scheint Uns, das erste Dämmerlicht der so herbeigesehnten Tage ist zu sehen, dessen Kommen von Jesus Christus, unserm Herrgott, mit diesem glühenden Wunsch begrüßt wurde:
‚Ich habe noch andere Schafe, die nicht aus dieser Hürde sind. Auch sie muß ich herbeiführen. Sie werden auf meine Stimme hören, und es wird eine Hürde und ein Hirt sein‘ (Joh. 10, 16).
Wie tröstlich würde es sein, mit diesen Schafen die teuren Worte zu lesen und die anheimelnden Bilder des zehnten Kapitels des Johannesevangeliums zu betrachten. Ganz besonders jene, wo Jesus sagt:
‚Ich bin die Tür zu den Schafen. Wer durch mich eintritt, wird gerettet werden. Er wird aus und ein gehen und Weide finden‘ (Joh. 10, 9).“

Brief an die Konzilsväter, Februar 1963

Sie sollen eins sein

WIR SIND ALLE MITSCHULDIG

„Unsere Pflicht gebietet es, selbst entgegen allen Gegebenheiten für die Einheit aller Christen zu arbeiten. Wir alle sind an der Trennung mitschuldig, und wir Lateiner, damit meine ich: wir Lateiner im Orient, hatten und haben unsern Teil der Verantwortung zu tragen. Wenn wir uns nicht bemühen, unsere Lethargie zu überwinden, wird unser Abstieg dem der Orientalen folgen."

Zum Problem der Glaubensspaltung

„Wir werden keinen historischen Prozeß aufrollen und auch nicht versuchen, festzustellen, wer im Recht oder Unrecht ist. Die Verantwortung dafür ist verteilt. Wir fordern von allen: Einigen wir uns und hören wir mit dem Streiten auf."

In Rom

Der Erzbischof von Canterbury, Dr. Fisher, erklärte nach einer Audienz, die ihm vom Papst gewährt worden war: „Die Kraft seiner Persönlichkeit war so stark, daß er den offiziellen Kontakt in ein persönliches Erlebnis umzuwandeln verstand."

Bischof Lichtenberger von der amerikanischen Episkopalkirche berichtet über seine Audienz:
„Ich fühlte mein Herz verstärkt klopfen, ehe ich beim Papst eingelassen wurde. Ich verspürte ein ängstliches Gefühl, was wohl begreiflich war in diesem Augenblick der Begegnung mit einer so hochgestellten Persönlichkeit. Ich überlegte im stillen, alle protokollarischen Vorschriften und war im Begriff, das Knie zu beugen, als der Papst vom Hintergrund seiner Bibliothek her auf mich mit offenen Armen zukam, so daß ich auch die meinigen öffnete."

NICHT EIFERSÜCHTIG

Anläßlich der Eröffnung des Konzils empfing der Papst auch die nichtkatholischen Beobachter. Ehe er sich an sie mit einer Ansprache wandte, in der Papst Johannes wörtlich sagte: „Bitte, lesen Sie in meinem Herzen, wo Sie weit mehr finden werden als in meinen Worten", wurde seine Aufmerksamkeit auf die Bekleidung der Brüder von Taizé gelenkt. In der Tat hatten der Prior und der Subprior der berühmten protestantischen Klostergemeinschaft das weiße Chorhemd angelegt. Der Papst, der sie gut kannte, sie aber in diesem Gewand bei keiner vorherigen Audienz gesehen hatte, trat auf sie zu und äußerte sein Erstaunen. Als die Gäste eine Erklärung abgeben wollten, fiel ihnen Papst Johannes ins Wort und meinte:
„Sie sind ganz in Weiß wie ich, aber Sie wissen doch, ich bin darauf nicht eifersüchtig."
Die nichtkatholischen Konzilsbeobachter waren an diesem Tage sehr davon berührt, als der Papst sich wie jeder andere zu ihnen setzte, auf einen Stuhl, der nur wenig erhöht auf einem winzigen Podium stand.

ICH BIN JOSEPH, EUER BRUDER

Fast zweihundert jüdische Delegierte der United Jewish Appeal kamen aus den Vereinigten Staaten nach Rom: Johannes XXIII. empfing sie in Audienz am 17. Oktober 1960 mit offenen Armen, während er ihnen das biblische Wort zurief: „Ich bin Joseph, euer Bruder . . .!"
In einem Brief an den Generalsuperior der Franziskaner schrieb der Papst im Hinblick auf die Juden: „Man muß alles aufwenden, um die alte Gesinnung, alle vorgefaßten Meinungen und alle wenig taktvollen Bezeichnungen zu überwinden."
Jedermann weiß, daß Johannes das Wort über die „treulosen" Juden in einem der Gebete der Karfreitagsliturgie streichen ließ.

DIE AUFGABE DER KIRCHE

„In meinen nächtlichen Gesprächen mit dem Herrgott habe ich stets ein Bild vor mir: der gekreuzigte Jesus, seine Arme weit geöffnet, um alle zu empfangen, wie es die Aufgabe der römischen katholischen Kirche sein muß, um das Gebet des göttlichen Herrn ‚Ut unum sint' zu verwirklichen."

Während der letzten Woche seines Lebens

SANFT UND DEMÜTIG VON HERZEN

„Jedes Pontifikat nimmt die Prägung dessen an, der es ausübt. Die große Lehre Christi faßt sich in diesen Worten zusammen: ‚Lernt von mir, daß ich von Herzen sanft und demütig bin.'"

GEDULD UND RUHE

„In der geduldigen, großmütigen und väterlichen Liebe des Bischofs liegt alle Kraft."

*

„Geduld und Ruhe, das sind zwei schöne Eigenschaften im Leben."

*

„Kleine Dornen, die man aus Liebe zu Jesus erträgt, werden zu Rosen."

*

„Es gilt, die Herzen zu gewinnen. Ich muß der Bischof aller sein."

*

„Wo die Barmherzigkeit fehlt, was ist da noch zu erwarten?“

*

„Wie sehr man den Herrn nachahmen muß, um mit den Menschen Geduld zu haben!“

*

„Immer beschäftigt sein, und nicht unter der Eile zu leiden, das ist ein Stück Himmel auf Erden.“

*

„Außer dem Willen Gottes gibt es nichts Interessantes für mich.“

*

„Daß der Herr mir die innere Ruhe und den Frieden inmitten so vieler kleiner Stürme erhalten möge . . .“

Tagebuch von 1938–1939

UNSER VON LIEBE ERFÜLLTES HERZ

„Unser Herz dringt in Ihre hellerleuchteten Wohnungen in Erwartung der Geburt des göttlichen Retters ein, es ist von Liebe erfüllt, Ihnen den Ausdruck Unserer väterlichen Wünsche zu übermitteln. Wir möchten uns am Tisch der Armen aufhalten, in den Fabriken, in den Lehrstätten, am Krankenbett und bei den alten Menschen; überall, wo Menschen beten und leiden, die für sich und andere arbeiten und mit ihren Herzen und ihren Armen mit Werken des Geistes und des Herzens beschäftigt sind.

Ja, Wir möchten Unsere Hand auch auf den Kopf der Kleinen legen, der Jugend in die Augen schauen, die Väter und die Mütter ermutigen, ihre täglichen Aufgaben zu erfüllen. Allen möchten Wir die Worte des Engels wiederholen: ‚Ich verkünde euch eine große Freude, denn heute ist Christus, der Retter, geboren.'"

Aus der Rundfunkbotschaft zu Weihnachten 1962

DAS RUHIGE MEER DES WILLENS GOTTES

„Laß mich Dir mit brüderlichem Herzen sagen, daß jetzt mehr denn je die Zeit gekommen ist, Augen und Hände zu schließen und Dich von Deinem Gepäck und Deinem Ich vollständig loszulösen, um Dich in das ruhige und sichere Meer des Willens Gottes zu werfen. Nur dort wirst Du Ruhe finden."

Brief an einen Freund 1934

DER GUTE HIRT

„Im wilden Durcheinander der Nachrichten will jeder, daß die Welt nach seiner Auffassung organisiert werde. So hat man von einem politischen Papst, von einem sachkundigen Papst, von einem diplomatischen Papst gesprochen, während der Papst eben der Papst ist. Er ist der gute Hirt, der versucht, die Seelen zu erreichen und die Wahrheit zu schauen. Wahrheit und Güte sind wie zwei Flügel. Man soll den Papst nicht nach seinen eigenen Wünschen gestalten wollen."

„Die Gestalt des heiligen Franz von Sales gehört nicht zu denen, die man zwischen begrenzten Horizonten einschließen könnte. Sie erhebt sich hoch und friedlich, höher noch als die Berge seines Savoyerlandes, friedlicher als der lachende Himmel, der sich in dem blauen Gewässer des kleinen Sees von Annécy widerspiegelt. Der hl. Franz von Sales war der freundlichste aller Heiligen, obwohl Gott ihn zu einer recht traurigen Stunde der Welt gesandt hatte. Er erschien und blieb als Inbegriff einer lächelnden und starken Frömmigkeit, in der sich die naive Poesie des hl. Franziskus von Assisi und die umsichtige Liebe des hl. Augustinus verschmelzen.“

*

„Ich habe zum hl. Andreas gebetet, daß er mir die Liebe zum Kreuze immer schmackhafter mache.“
„Alles wird verschönt durch das Lächeln Mariens, die mütterlich auf unser armseliges Tun blickt.“

Aus dem Tagebuch von 1938

*

„Das Ende unseres Lebens wird eben ein Innehalten mitten in der Ackerfurche sein. Der Herrgott behält es sich vor, zu vollenden und unseren Werken den letzten Schliff zu geben.“

Am 6. März 1939, zum Tode seiner Mutter

*

„. . . Ich habe mein Tagebuch, das ich im Zenit des Ersten Weltkrieges im Jahre 1916 geschrieben habe, wieder gelesen. Die letzten Tage des Bischofs Radini, sein letzter

Aufruf: ‚Friede, Friede!. . .' Ich möchte, daß das auch meine letzte Bitte als Papst sei, des demütigen Papstes Johannes."

*

„Ich maße mir kein Urteil über die gegenwärtigen Zeitläufte an. Ich vertraue darauf, daß auch sie von der göttlichen Vorsehung zu einem höheren Ziel bestimmt sind."

In einem Brief des damaligen Apostolischen Administrators in Instanbul vom 4. August 1944

Als Johannes XXIII. wegen seiner „mutigen Neuerungen" von einem Freund beglückwünscht wurde, sagte er: „Was habe ich denn Neues getan? Ich habe keine Neuerungen eingeführt. Ich gehe meinen Weg, geführt von der einfachen Denkart, die ich von zu Hause geerbt habe."

JOHANNES WAR SEIN NAME

Legende und Mißverständnisse wohnen meist nahe beieinander. Ein französischer Bewunderer stellte geistreiche Betrachtungen darüber an, wie es wohl zu der ersten Überraschung dieses Pontifikats gekommen, was nämlich die Ursache für die Namenswahl gewesen sei. Und indem er diesem vermeintlichen Geheimnis nachspürte, das vielleicht erst die Memoiren preisgeben würden, kam dem phantasievollen Franzosen die Vermutung, der Pariser Nuntius Roncalli habe auf seinen vielen Reisen, die Pius XII. nicht so gerne billigte, auch die Archive von Avignon aufgesucht. Dort habe das Studium des Schicksals der Päpste im Exil ihn vielleicht angeregt, die Reihe nach Johannes

XXII. (Jacques Deuze, 1316–1334) fortzusetzen, um so darzutun, wie das Papsttum über dunkelste Schatten seiner Vergangenheit triumphiert habe. Diese Version passe vorzüglich zu dem Bilde des Mannes aus den Bergamasker Bergen, auf dessen Grabstein eingemeißelt wurde: Il a servi. Es ist eine schöne Version, nicht minder erhebend als jene andere, wonach Angelo Giuseppe Roncalli danach getrachtet habe, mit den Schatten, die über dem mit Spaltung und Hussitenlehre befaßten Konzil von Konstanz lagen, zugleich die Erinnerung an den dort abgesetzten, landflüchtigen anderen Johannes hinwegzuscheuchen. In Wahrheit jedoch war alles viel einfacher; nämlich so, wie es der Papst nach seiner Wahl den versammelten Kardinälen mitgeteilt hat: „Man kennt in der Tat zweiundzwanzig Päpste mit dem Namen Johannes – wobei Wir die Frage der Rechtmäßigkeit außer acht lassen. Fast alle hatten nur ein sehr kurzes Pontifikat. Wir haben deshalb vorgezogen, mit diesem Namen Unser Geringsein hinter dieser machtvollen Reihe römischer Bischöfe zu verstecken."

Gustav René Hocke

DIE RONCALLI

„Den Namen dieser Familie findet man schon auf den ersten Seiten der Bergamasker Geschichte, besonders im Imagnatal, genauer in den Gemeinden Corna und Cepino, die beide einen Ortsteil Roncaglia haben (vielleicht abgeleitet vom Wort ‚ronchi', im Bergamasker Dialekt ‚rüc' oder ‚roncai', womit man die in die Berghänge eingeschnittenen Terrassen bezeichnet, die das Gelände für den Weinbau verwendbar machen). In diesen beiden Orten gibt es Urkunden über eine Familie de Roncallis oder de Ronchalis seit Beginn des 14. Jahrhunderts. Von Roncaglia di Cepino wanderte im 15. Jahrhundert ein Martino Roncalli, ‚Maitino' genannt, hinab nach Sotto il Monte und baute sich ein Haus zu Füßen eines Hügels. Sotto il Monte ist, auch heute noch, nicht so sehr eine geschlossene Ortschaft als ein Nebeneinander von Gehöften und Ortsteilen, verstreut zwischen Hügel und Ebene, da, wo vom Canto Basso die Landschaft sich zur Adda herabsenkt. Infolgedessen hat jedes Anwesen und jede Häusergruppe einen eigenen Namen . . . Das erste Haus, das sich Martino oder ‚Maitino', jener erste Ankömmling der Roncalli in Sotto il Monte, gebaut hat, der sich übrigens auch Berzio nannte, existiert noch; im Laufe der Jahrhunderte hatte es verschiedene Besitzer: Roncalli, De Vecci, Macassoli, Mangili, Scotti; von letzterem hatte es Msgr. Roncalli über 35 Jahre, von 1925–1958, als Sommeraufenthalt in Miete. Eben damals, als der Prälat das Haus zu bewohnen anfing, kamen bei Erneuerungsarbeiten an der Mauer, die die Außenfassade des ersten Gebäudes gebildet haben dürfte, einige Fresken oder Gemälde aus dem 15. Jahrhundert zum Vorschein, die den hl. Abt Antonius, die Madonna mit dem Jesuskind, den hl. Bernardin, den großen Heiligen jenes Jahrhunderts, darstellten; das Ganze gekrönt von einem Familienwappen: einem Turm auf einem Feld mit weißen und roten Streifen, genau dem Wappen der Maytini von Sotto il Monte, das nach dieser Entdeckung mit wenigen Zutaten das Wappen des Erzbischofs, dann des Patriarchen und Kardinals Angelo Giuseppe Roncalli und des Papstes Johannes XXIII. wurde. In dieser Gestalt, bekrönt mit dem Zeichen des hl. Markus, entspricht dieses päpstliche Wappen dem leidenschaftlichen und liebevollen Drang des Erforschers der Heimatgeschichte und beileibe nicht dem Verlangen, sich einen adeligen Ursprung zuzulegen . . ."

Stichworte für eine Biographie des Roncallipapstes (Geistliches Tagebuch)

Unser Bruder, der Tod

ICH LIEBE DAS LEBEN

Bei einer Audienz:
„Wir werden Ihrer und Ihrer Familien im Gebet gedenken. Betet auch für euren Papst; erlaubt mir, aufrichtig zu gestehen, daß ich mir erhoffe, lange zu leben. Ich liebe das Leben."

*

„Es ist gut, wenn man die Last der Müdigkeit spürt. Sie ist eine Sühne unserer Sünden. Sie ist verdienstvoll als eine Bitte um Gnade für die Menschen, die ich betreue."

Tagebuch, 8. November 1938

*

„Was ein kurzes oder langes Leben angeht, halte ich mich ganz an der Hand des Herrn. Ich will keinen Tag mehr oder weniger leben, als im Himmel beschlossen ist."

Tagebuch von 1931

*

„Es ist eine unbestreitbare Gewißheit, daß Wir eines Tages den Besuch unseres Bruders Tod erhalten werden, wie Franziskus von Assisi ihn genannt hat. Er pflegt sich zuweilen auf schroffe und unerwartete Art einzustellen. Wir werden aber geduldig oder besser unerschütterlich bleiben wie ein Baum, dessen Früchte ausgereift sind."

In einer Allgemeinen Audienz, 7. März 1961

*

„Ich bemerke in meinem Körper den Anfang irgendwelcher Störungen. Das ist wohl bei einem alten Manne nur natürlich. Ich ertrage sie in Ruhe, auch wenn sie mir manchmal lästig fallen, auch weil ich fürchte, sie könnten sich verschlimmern. Es ist nicht angenehm, allzusehr daran denken zu müssen, aber trotzdem, ich fühle mich zu allem bereit."

Exerzitien, November 1961

*

„Wenn der Papst nicht mehr der Papst sein kann, dann ist es besser, er tritt ab."

An englische Bischöfe während des Konzils

„Gelassen und ruhig erwarte ich meinen Bruder Tod. Ich werde ihn genau so aufnehmen, wie der Herr ihn mir schicken wird."

Testament

ALLE TAGE SIND ZUM STERBEN GUT

„Ich bin ruhig. Ich habe mich stets dem Willen Gottes gefügt, immer, immer. Ich bete für die Kirche, für die Kinder, für die Priester und für die Bischöfe, damit sie fromm bleiben, und für die ganze Welt."

„Jeder Tag und jeder Monat gehört dem Herrn. Deshalb sind alle gleich schön."

Tagebuch, 1. Februar 1939

*

„Wir treten in Unser zweiundachtzigstes Jahr ein. Werden wir es beenden? Alle Tage sind zum Geborenwerden gut, alle Tage sind zum Sterben gut."

Ansprache vom 25. November 1962

*

„Du, Jesus, hast mir den Weg gezeigt. Ich werde dir folgen, wohin immer du gehst: in das Opfer, den Verzicht und den Tod."

Exerzitien, November 1961

„‚Largire lumen vespere – Gib einen lichten Abend uns.' Herr, es ist Abend geworden. In diesem Jahr werde ich sechsundsiebzig. Das Leben ist ein großes Geschenk des himmlischen Vaters. Dreiviertel meiner Zeitgenossen sind schon hinübergegangen. Darum muß auch ich mich für diesen großen Augenblick bereit halten.
Der Gedanke an den Tod beunruhigt mich nicht. Auch einer meiner fünf Brüder ist gestorben. Er war der zweitjüngste, mein lieber Giovanni. Welch ein gutes Leben und welch ein schöner Tod! Meine Gesundheit ist immer noch ausgezeichnet, und ich fühle mich noch rüstig. Doch darf ich mich nicht darauf verlassen. Ich will bereit sein, auch unverhofft abberufen zu werden.
Ich glaube, daß mir der Herr zu meiner vollständigen Loslösung und Läuterung und um mich zu seiner ewigen Se-

ligkeit zu bereiten, irgendeine schwere Prüfung und körperliche und seelische Leiden vorbehalten hat, bevor ich sterbe."

Exerzitien 1957 in Torreglia (Geistliches Tagebuch)

*

„Ein frohes Himmelfahrtsfest! Eilen wir dem Herrn nach, der zum Himmel aufsteigt. Und wenn wir ihm nicht folgen können und auf der Erde bleiben, in seiner heiligen Kirche, so machen wir es wie die Apostel, die sich im Abendmahlssaal versammelten und um den Heiligen Geist beteten. Ihr habt es gehört, tut es alle Tage: Alles im Namen des Vaters, des Sohnes und des Heiligen Geistes!"

Letzte Ansprache vom Balkon der St.-Peters-Kirche; 22. Mai 1963

EIN ZEICHEN DER DANKBARKEIT

„Wie dankbar bin ich, der Gegenstand so vieler rührender Aufmerksamkeiten zu sein. Es ergreift mich und läßt mich völlig in meiner gewohnten Schlichtheit bleiben, während ich mich mehr denn je in Übereinstimmung des Gefühls mit allen denen befinde, die in Krankenhäusern und zu Hause leiden.

Diese Anteilnahme des Papstes, der voller Demut den Herrn auf Erden vertritt, soll ein Zeichen sein für eine Gebetserneuerung, für die Belebung des Denkens und des Friedenswillens, für die klare Überzeugung, daß im Leben alle wirklichen Werte sich im Einklang mit dem Geiste des Evangeliums befinden: in Sanftmut, Güte, Barmherzigkeit.

Ich wünsche allen das Zeichen meiner Dankbarkeit entgegenzubringen, auf daß sie daraus die Anregung zur gegenseitigen und brüderlichen Liebe schöpfen. Auf diese Weise werden sie mit mir stets in Einklang bleiben. Ich segne und ermutige sie dafür . . ."

Dienstag, 8. Mai 1963

„Bei meinem Wachen in der Nacht sehe ich stets den gekreuzigten Jesus vor mir mit ausgebreiteten Armen, um alle zu empfangen. Es ist die Aufgabe der katholischen und apostolischen Kirche zu wirken für die Verwirklichung des Gebetes des himmlischen Herrn: ‚Ut unum, ut Unum sint'."

„Ich bin bereit, zu gehen, wenn mich der Herrgott ruft."

Der Papst hält seine Arme gekreuzt in seinem Bett.

„Ich wünsche, erlöst zu werden, um mit Christus zu sein."

An Monsignore Rocca: „Ich danke Ihnen so sehr für die Dienste, die Sie mir erwiesen haben. Wir werden uns im Himmel weiter liebhaben."

Freitag, 31. Mai 1963

*

Der Papst bittet um das Magnifikat: „Nur Mut, es ist jetzt nicht der Augenblick zu weinen; es ist ein Augenblick der Freude und des Ruhms."

„Ich leide viel, doch mit Liebe."

*

An seinen Sekretär:

„Wenn alles vorbei ist, vergessen Sie nicht, Ihre Mutter zu besuchen."

Samstag, 1. Juni 1963

Der Papst umarmte seine Brüder und sprach:
„Ich bin die Auferstehung und das Leben! Jesus! Jesus!"
„Beten wir für Papa und für Mama. Ich habe immer an sie gedacht und bin froh, sie in kurzer Zeit im Paradies wiederzusehen."
„Mit dem Tode beginnt ein neues Leben, die Verherrlichung in Christus."
An Kardinal Testa, der seine Absicht erkennen ließ, wegzugehen: „Bleibe noch ein wenig."

MUT!

Johannes XXIII. empfing die Letzte Ölung auf seinem Sterbebett. Alle um ihn herum weinten. Der Papst klopfte vernehmlich an das Bettgestell und rief fast ärgerlich aus: „Mut! Mut! Es ist ja noch nicht das Requiem!"
„. . . Dieses Bett ist ein Altar. Der Altar will ein Opfer. Ich bin bereit. Ich sehe vor mir das klare Bild meiner Seele, meines Priestertums, des Konzils und der universalen Kirche."

Gedanken in den letzten Wochen seines Lebens

*

Papst Johannes XXIII. verstarb um 19.45 Uhr, nachdem er geflüstert hatte: „Mater mea, fiducia mea – Meine Mutter, mein Vertrauen."

*

Im gleichen Augenblick, als Professor Gasparrini den letzten Atemzug des Papstes vernahm, hörte er deutlich den Priester, der auf dem Petersplatz die hl. Messe zelebrierte, verkünden: „Ite, missa est."

Anhang

AUS DEM TESTAMENT

„Jetzt, da ich mich, wie ich hoffe, auf den Weg zum Himmel mache, grüße und segne ich in Dankbarkeit die vielen, die nacheinander in Bergamo, in Rom, im Orient, in Frankreich und Venedig zu meiner geistlichen Familie gehörten, meine Mitbürger, Wohltäter, Gefährten, Schüler, Mitarbeiter, Freunde und Bekannten, Priester und Laien, Ordensleute und Schwestern und alle, denen ich durch die Fügung der Vorsehung ein wenn auch unwürdiger Mitbruder, Vater oder Hirte sein durfte.
Die Güte, die alle, denen ich auf meinem Lebensweg begegnete, meiner armseligen Person schenkten, brachte in mein Leben Freude. Im Angesicht des Todes denke ich an alle und jeden einzelnen von denen, die mir auf dem letzten Wege vorausgegangen sind, die mich überleben und die mir folgen werden. Sie mögen für mich beten. Ich werde es ihnen vom Fegfeuer oder vom Himmel aus vergelten, in den ich aufgenommen zu werden hoffe, ich wiederhole es nochmals, nicht auf Grund meiner Verdienste, sondern durch die Barmherzigkeit des Herrn.
Ich denke an alle und werde für alle beten. Meine Söhne in Venedig jedoch, die letzten, die der Herr mir als letzten Trost und letzte Freude meines Priesterlebens anvertraute, will ich hier eigens nennen, zum Zeichen meiner Bewunderung, meiner Dankbarkeit und meiner besonderen Zuneigung. Im Geist umarme ich alle, alle, Klerus und Laien, ohne Unterschied, wie ich sie alle ohne Unterschied als

Glieder ein und derselben Familie liebte und mit ein und derselben väterlichen und priesterlichen Sorge und Liebe umgab. ‚Pater sancte, serva eos in nomine tuo, quos dedisti mihi; ut sint unum, sicut nos – Heiliger Vater, bewahre sie in deinem Namen, die du mir gegeben hast, auf daß sie eins seien wie wir' (Joh. 17, 11)."

Mein geistliches Testament und mein letzter Wille; Venedig, 29. Juni 1954

Quellenhinweise zur deutschsprachigen Ausgabe

Die im Original bei Arthème Fayard, Paris, erschienene Sammlung von Aussprüchen, Anekdoten und schriftlichen Zeugnissen Papst Johannes' XXIII. wurde für die deutschsprachige Ausgabe erweitert durch kürzere Auszüge aus dem 1964 im Verlag Herder, Freiburg i. Br., erschienenen „Geistlichen Tagebuch", vermehrt durch andere geistliche Schriften, mit einem Vorwort von Don Loris Capovilla. Im Verlag Herder ist als Taschenbuch auch „Johannes XXIII. – Leben und Werke, eine Dokumentation in Text und Bild", herausgegeben von der Herder-Korrespondenz, erschienen, ebenso auch Andrea Lazzarinis unmittelbar nach der Inthronisierung 1958 erschienene Biographie „Johannes XXIII." Der Ehrenwirth-Verlag, München, brachte Zsolt Aradis liebevoll geschriebenes Werk „Der XXIII. Johannes" heraus, von dem einige kürzere Auszüge der hier vorliegenden Sammlung gleichfalls beigefügt worden sind. Der Korrespondent der „Frankfurter Allgemeinen Zeitung" in Rom, Herr Dr. Josef Schmitz van Vorst, gestattete die Aufnahme einiger Auszüge aus seinen Berichten für diese Zeitung, wie auch Herr Dr. Gustav René Hocke aus seinen Aufsätzen für die Süddeutsche Zeitung in München. Der „Weltwoche" entstammt der Beitrag von Prof. Hans Küng, dem Berliner „Tagesspiegel" ein Zitat von Julius Kardinal Döpfner, der Hamburger „Zeit" ein Zitat von Joseph Müller-Marein. Allen, die durch ihre freundliche Erlaubnis zur Ausgestaltung dieser Sammlung beigetragen haben, sei aufrichtiger Dank gesagt.

Gesicht in der Menge

Aus der Werkstatt der Herderbücherei

Keine Routine, kein vergrößertes Programm, monatlich zwei Bände seit Gründung der Herderbücherei; dennoch in 14 Jahren über 400 Nummern (4,70 Meter Bücherbrett, also für einen Junggesellen, der nur über ein Zimmer verfügt, beachtliche Raumbeanspruchung) und 10 Millionen verkaufte Exemplare. Eine Bibliothek von einer beachtenswerten Universalität; die Zahl allein macht es eben nicht.

Die Herderbücherei hat sich nicht nur im Hinblick auf die Titelzahl, auch in der Gestaltung des Programms bewußt Grenzen gezogen, und diese Grundhaltung sollte sich geradezu als Tugend erweisen, die der Herderbücherei bis heute wohl ansteht. Sie hat – festhaltend an ihrer Grundkonzeption – ihren eigenen Platz auf dem sicher nicht nur dichtbesetzten, sondern geradezu überquellenden Taschenbuchmarkt –, und diesen Platz hat sie behaupten können.

»Geistiges Profil, fortwährend schärfere Konturen«, so urteilt eine angesehene Schweizer Zeitung. Im Ablauf der Jahre haben die Käufer und Leser das Profil der Herderbücherei gelobt, Studenten, Akademiker, Hausfrauen, Ingenieure, Schwestern, Geistliche, Kaufleute, Beamte, Handelsschüler usw.: alle zusammengenommen hauptsächlich junge Menschen.

Wo steht die Herderbücherei? Links, rechts? Ist sie progressiv, restaurativ, modern, antiquiert? Alle diese Begriffe sind heute ausgelaugt. Bedeutsam scheint uns zu sein beim Durchblättern des letzten Verzeichnisses: eine Fülle von

Titeln und Themen und eine große Anzahl von Verfassern mit Rang und Namen, keineswegs nur Katholiken, sondern evangelische Christen, Orthodoxe, Juden, Liberale, Gläubige und Ungläubige. Eine Bibliothek, in Offenheit und Bereitschaft zum Dialog sich bekennend, bemüht um Klarstellungen (das ist der Titel eines jüngst erschienenen Bandes der Herderbücherei), um Information und eine geistige Geschlossenheit.

Zwischen Autor, Verlag und den Freunden der Herderbücherei besteht eine persönliche Bindung, glücklicher Ausgangspunkt, um Gedankengänge in eine breitere Öffentlichkeit eindringen zu lassen. Das gelingt. Ein bedeutender, angesehener Biologe sagte vor Jahren: »Ich bin glücklich, daß meine noch wenig in der Welt herumgekommenen Texte nun für viele greifbar sind.«

Die Herderbücherei erwirbt so weit als möglich Taschenbuchlizenzen. Das ist heute nicht leicht, weil um solche Lizenzen geradezu gefeilscht wird. Von Anfang an hat sich die Herderbücherei glücklicherweise um Originalbände bemüht, die sie mit großem Erfolg anbieten konnte. Käufer und Leser der Taschenbuchreihe haben solche Bände angeregt, über 100 Bände.

Aus Anlaß des 400. Bandes im August 1971 wurde das Programm gestrafft. Die Sachbücher traten noch mehr in den Vordergrund. Die Bände erhielten ein neues, modernes Gesicht. Die Leser stimmten zu; denn die Herderbücherei konnte eine Zuwachsrate von 63 % registrieren.

Die Wochenzeitschrift »Publik« stellte der Herderbücherei dieses Zeugnis aus:

»Es ist kein Allerweltsprogramm, das die Herderbücherei anbietet, kein literarisches Warenhaus, sondern, um im Bilde zu bleiben, ein Spezialsortiment.«